AF286294

Mensch 2.0

*Wie du mit Technologie in Einklang
kommst, ohne dich selbst zu verlieren*

Von derselben Autorin oder demselben Autor

Energievampire unsichtbare Feinde der Seele-wie Du deine Lebensenergie zurückeroberst

Psychotricks-Manipulation in Beziehungen und im Alltag erkennen und sich davor schützen

Die Kunst sich selbst zu leben-vom Mut den eigenen Weg zu gehen

STUPID by the Feed-die gefährliche Macht der sozialen Medien

KEINE PANIK ! Der ultimative Survival Guide durch das Chaos Universum der Pubertät

KEINE PANIK !Der ultmative Hitzewelle Surf-ival Guide durch das Menopause Universum

KEINE PANIK ! Der ultimative Survival Guide durch das Midlife Universum

Mara von Eichen

Mensch 2.0

Wie du mit Technologie in Einklang kommst, ohne dich selbst zu verlieren

Mara von Eichen

© Auflagen Mara von Eichen

ISBN: 978-3-7693-8874-9

Verlag: BoD · Books on Demand GmbH, In de Tarpen 42, 22848 Norderstedt, bod@bod.de
Druck: Libri Plureos GmbH, Friedensallee 273, 22763 Hamburg

Mara von Eichen

Mara von Eichen lebt mit ihrer Familie in Südungarn und verbindet in ihren Werken Natur, Bewusstsein, Psychologie und kreative Ausdrucksformen. Als Autorin und Künstlerin betrachtet sie die Welt mit besonderer Sensibilität und Tiefgang. Ihre Sachbücher laden dazu ein, neue Perspektiven zu entdecken und die Verbindung zwischen Mensch und Natur bewusster wahrzunehmen. In der Ruhe der unberührten Landschaft findet sie Inspiration für ihre Arbeiten, die Verstand und Seele gleichermaßen ansprechen.

„Mensch 2.0 beginnt nicht mit Technologie, sondern mit der Fähigkeit, sie klug zu nutzen"

Inhaltsverzeichnis

Vorwort

Vorwort

In einer Welt, die ständig in Bewegung ist, in der wir von einem Ziel zum nächsten hetzen, in der sich alles um den äußeren Erfolg und das Streben nach Anerkennung dreht, gibt es einen leisen Ruf, der uns immer wieder daran erinnert, dass wahres Wachstum und wahre Erfüllung nicht von äußeren Umständen abhängen, sondern von der Entfaltung unseres inneren Potenzials. Dieses Buch ist eine Einladung, den Weg zu deinem besten Selbst zu gehen. Es ist eine Einladung, deine inneren Blockaden zu erkennen, die Erwartungen anderer abzulegen und deine wahre, unaufhaltbare Kraft zu entdecken.

Jeder Schritt, den du in diesem Buch unternimmst, ist ein Schritt in die Freiheit – die Freiheit, dich selbst zu entfalten, die Freiheit, deine eigene Wahrheit zu leben, und die Freiheit, deine Vision von einem erfüllten Leben zu verwirklichen. Hier findest du keine schnellen Lösungen oder leeren Versprechungen, sondern konkrete Schritte, tiefgehende Übungen und inspirierende Gedanken, die dich auf deiner Reise zu einem erfüllten und selbstbestimmten Leben unterstützen werden.

Lass uns gemeinsam diesen Weg gehen – Schritt für Schritt, mit Mut, Achtsamkeit und einer klaren Vision. Du bist bereit, die beste Version von dir selbst zu werden.

Mara von Eichen

Einleitung

Einleitung

Die Suche nach dem besten Selbst ist mehr als nur ein Trend – es ist ein tiefes, inniges Bedürfnis, das in jedem von uns schlummert. Jeder Mensch trägt das Potenzial in sich, zu wachsen, sich zu entwickeln und eine Version von sich selbst zu leben, die mehr in Übereinstimmung mit seiner wahren Natur ist. Doch der Weg dorthin ist oft nicht einfach. Wir sind von äußeren Erwartungen und gesellschaftlichen Normen geprägt, die uns manchmal von unserem eigenen Weg abbringen. Die Stimmen der anderen, die uns sagen, wie wir zu leben haben, und die ständigen Ablenkungen des Alltags können uns aus der Bahn werfen.

Dieses Buch will dir dabei helfen, diese äußeren Fesseln abzulegen und die volle Kraft deines inneren Potenzials zu entfesseln. Es geht nicht nur um Selbstverwirklichung im klassischen Sinne, sondern um eine tiefe, fundamentale Veränderung deines Blickwinkels auf dich selbst und auf die Welt um dich herum. Es geht darum, dich von Ängsten, Zweifeln und der Angst vor dem Scheitern zu befreien und dir zu erlauben, deinen eigenen, authentischen Weg zu gehen.

In den folgenden Kapiteln wirst du lernen, wie du deine Ängste erkennst und überwindest, wie du deine innere Vision entwickelst und sie in die Tat umsetzt, wie du deine wahre, unaufhaltbare Kraft entdeckst und mit Mut und Selbstvertrauen in die Welt hinaustrittst. Jedes Kapitel enthält Übungen, die dir helfen, die Erkenntnisse zu vertiefen und konkrete Veränderungen in deinem Leben vorzunehmen. Die Reise zu deinem besten Selbst beginnt hier – und sie wird nicht nur dein Leben verändern, sondern auch die Welt um dich herum.

Kapitel 1

Kapitel 1: Die digitale Welt verstehen

Was ist die digitale Ära und wie hat sie uns verändert?

In den letzten Jahrzehnten hat sich die Welt, in der wir leben, in einem Tempo verändert, das zuvor kaum vorstellbar war. Was vor wenigen Jahrzehnten noch als Science-Fiction galt, ist heute alltäglich. Wir sind in einer digitalen Ära angekommen, in der unsere Realität zunehmend von Technologie und Vernetzung geprägt ist. Die digitale Welt ist allgegenwärtig. Sie durchdringt jede Ecke unseres Lebens, sei es in Form von sozialen Medien, Smartphones, künstlicher Intelligenz oder der immer weiter verbreiteten Automatisierung. Diese digitale Revolution hat nicht nur die Art und Weise verändert, wie wir arbeiten, kommunizieren und konsumieren, sondern auch, wie wir uns selbst und die Welt um uns herum wahrnehmen.

Die Digitalisierung hat das Potenzial, unser Leben zu verbessern, zu bereichern und uns neue Möglichkeiten zu eröffnen. Doch ebenso wie in jeder Revolution gibt es auch Schattenseiten, die oft zu wenig beleuchtet werden. Die schiere Menge an Informationen, die wir täglich konsumieren, die ständige Erreichbarkeit und die digitale Vernetzung können uns überfordern und uns in eine Richtung führen, die wir nicht immer kontrollieren können.

Früher war der Mensch weitgehend auf sein direktes Umfeld angewiesen. Freundschaften und Beziehungen wurden hauptsächlich offline gepflegt, und der Kontakt mit der Welt war physisch. Heute können wir in Echtzeit mit Menschen auf der ganzen Welt kommunizieren, jederzeit Zugang zu Informationen und Unterhaltung haben und uns über digitale Plattformen mit anderen verbinden. Doch was passiert mit uns, wenn diese ständige digitale Präsenz unsere Realität überflutet?

Die digitalen Technologien bieten unzählige Chancen – aber sie erfordern auch ein neues Maß an Achtsamkeit und Selbstreflexion. Sie stellen uns vor Fragen, die wir uns noch nie zuvor gestellt haben: Wie bleiben wir authentisch in einer Welt, in der unser digitales Selbst genauso wichtig, wenn nicht sogar wichtiger ist als unser physisches Selbst? Wie navigieren wir durch diese Neue Welt und behalten gleichzeitig unser emotionales Gleichgewicht und unsere geistige Gesundheit?

Die Entwicklung der digitalen Technologien und ihre Auswirkungen auf das menschliche Verhalten

Die Entwicklung digitaler Technologien hat in den letzten 30 Jahren eine rasante Beschleunigung erfahren. Was einst als revolutionär galt, ist heute Standard. Die Einführung des Internets in den 1990er Jahren war der erste große Schritt in diese neue Ära. Anfangs nur für eine kleine Gruppe von Technikbegeisterten zugänglich, ist das Internet heute ein unverzichtbarer Bestandteil unseres Lebens. Doch nicht nur das Internet hat unsere Welt verändert. Die Entwicklung von Smartphones, Tablets und tragbaren Geräten hat uns ständig mit der digitalen Welt verbunden. Über soziale Netzwerke können wir nicht nur mit Freunden und Familie kommunizieren, sondern auch mit Menschen, die wir nie im Leben getroffen haben.

Doch wie hat diese Entwicklung unser Verhalten verändert? Ein entscheidender Punkt ist die Verfügbarkeit von Informationen. Während Wissen früher über Bibliotheken und Experten zugänglich war, haben wir heute in Form von Suchmaschinen wie Google jederzeit und überall Zugriff auf nahezu unbegrenztes Wissen. Das klingt zunächst wie eine Bereicherung, doch die Menge an Informationen kann auch eine Quelle der Überforderung sein. Wir sind ständig in der

Lage, neue Informationen aufzunehmen, was zu einer Informationsflut führt, die nicht nur unsere Aufmerksamkeit, sondern auch unsere Fähigkeit zur differenzierten Entscheidungsfindung beeinflusst.

Ein weiteres wichtiges Thema ist die Veränderung unserer Kommunikation. Früher war der persönliche Kontakt der Hauptweg, wie wir uns austauschten. Heute ist der virtuelle Kontakt die Norm. Durch Social Media, Messaging-Dienste und Videokonferenzen können wir mit jedem Menschen zu jeder Zeit und von jedem Ort der Welt kommunizieren. Doch diese neue Form der Kommunikation verändert die Art und Weise, wie wir Beziehungen aufbauen und pflegen. Wir sind in der Lage, ständig mit Menschen in Kontakt zu treten, ohne je wirklich anwesend zu sein. Was geht uns dadurch verloren? Was fehlt, wenn Kommunikation auf Emojis, Likes und Textnachrichten reduziert wird?

Nicht zuletzt hat die Digitalisierung auch den Arbeitsalltag revolutioniert. In einer Welt, in der Büroarbeit zunehmend digitalisiert und automatisiert wird, müssen Menschen lernen, mit den neuen Anforderungen umzugehen. Ständige Erreichbarkeit und die Notwendigkeit, in Echtzeit zu arbeiten, können zu Stress und Burn-out führen. Doch ebenso wie es Herausforderungen gibt, bietet die Digitalisierung auch Lösungen: Flexibles Arbeiten, die Möglichkeit zur Selbstorganisation und die Schaffung von virtuellen Gemeinschaften sind nur einige Beispiele, wie Technologie uns helfen kann, produktiver und erfüllter zu leben.

Wie die digitale Vernetzung unser Selbstbild und unsere Wahrnehmung verändert

Eine der tiefgreifendsten Veränderungen, die die digitale Revolution mit sich gebracht hat, ist die Art und Weise, wie wir uns selbst sehen und uns in der Welt positionieren. Der Mensch war schon immer ein soziales Wesen, aber das Ausmaß, in dem unser Selbstbild heute von der digitalen Welt beeinflusst wird, ist beispiellos. Über soziale Netzwerke wie Facebook, Instagram und LinkedIn präsentieren wir uns der Welt – oft in einer idealisierten Form. Diese Plattformen haben nicht nur die Art verändert, wie wir miteinander interagieren, sondern auch, wie wir uns selbst definieren.

In der Vergangenheit war unser Selbstbild weitgehend von unserem direkten Umfeld geprägt – Familie, Freunde, Kollegen. Heute können wir uns ein digitales Selbst erschaffen, das nicht zwangsläufig mit der Realität übereinstimmen muss. Wir entscheiden selbst, was wir zeigen und was wir verstecken. Diese Möglichkeit, unser Selbst zu gestalten, kann befreiend sein, aber auch eine Last. Die ständige Beobachtung und Bewertung durch andere kann zu einem Druck führen, der uns dazu bringt, uns immer wieder zu hinterfragen und unser digitales Ich zu perfektionieren.

Das Konzept der „digitalen Identität" hat sich in den letzten Jahren zunehmend etabliert. Unser digitales Selbst ist nicht nur ein Spiegelbild dessen, was wir in sozialen Netzwerken posten, sondern auch das, was wir in Foren, Blogs oder anderen Online-Plattformen über uns preisgeben. In vielen Fällen ist unser digitales Ich mittlerweile genauso wichtig, wenn nicht sogar wichtiger als unser physisches Selbst. Doch wie authentisch ist dieses digitale Selbst wirklich? Und wie beeinflusst es unsere Wahrnehmung der Realität?

Ein weiteres Problem, das die digitale Vernetzung mit sich bringt, ist die Vergleichbarkeit. In sozialen Netzwerken sehen wir ständig, was andere tun – ihre Reisen, ihre Erfolge, ihr perfektes Leben. Es kann leicht passieren, dass wir uns mit dem scheinbar „perfekten" Leben anderer vergleichen und unser eigenes Leben infrage stellen. Dieser ständige Vergleich kann unser Selbstwertgefühl beeinträchtigen und uns in einen Zustand der Unzufriedenheit stürzen.

Der Drang nach Instant-Gratifikation: Wie unser Gehirn auf die digitale Welt reagiert

Ein besonders faszinierender Aspekt der digitalen Welt ist der Drang nach Instant-Gratifikation. Das ständige Streben nach sofortigen Belohnungen – sei es durch Likes auf einem Instagram-Post, das Erreichen eines neuen Levels in einem Spiel oder das schnelle Finden der gewünschten Information durch eine Google-Suche – hat tiefgreifende Auswirkungen auf unser Verhalten und unsere Denkweise.

Unser Gehirn ist darauf programmiert, Belohnungen zu suchen. In der Vergangenheit war dies eine Überlebensstrategie: Wer schnelle Belohnungen suchte (wie z.B. das Finden von Nahrung oder sicheren Zufluchtsorten), hatte größere Überlebenschancen. Heute jedoch ist diese Tendenz, sofortige Belohnungen zu suchen, in einer Welt von ständiger Erreichbarkeit und Informationsflut zu einer Herausforderung geworden. Unser Gehirn ist ständig auf der Suche nach der nächsten „Belohnung" – sei es durch soziale Anerkennung oder durch den nächsten Klick auf eine Website.

Dieser Drang nach Instant-Gratifikation kann zur Kurzlebigkeit führen. Dinge, die früher eine tiefere, länger anhaltende Befriedigung brachten, wie das Lesen eines Buches oder das Erlernen einer neuen Fähigkeit, werden von der sofortigen Befriedigung durch digitale Medien überschattet. Der Wert von tiefergehenden, langfristigen Erlebnissen und Lernprozessen wird zunehmend infrage gestellt.

Die digitale Welt als Chance und Herausforderung

Es liegt auf der Hand, dass die digitale Welt sowohl Chancen als auch Herausforderungen mit sich bringt. Sie kann uns neue Möglichkeiten eröffnen, uns kreativ auszudrücken, zu lernen und miteinander in Kontakt zu treten. Doch zugleich fordert sie uns heraus, unser Leben neu zu definieren und eine Balance zwischen der digitalen und der realen Welt zu finden.

Die Fähigkeit, mit dieser digitalen Welt in Einklang zu leben, ist entscheidend für unsere mentale und emotionale Gesundheit. Es liegt an uns, diese Welt nicht nur zu konsumieren, sondern aktiv zu gestalten. Dabei müssen wir nicht nur unsere Technologiekompetenz ausbauen, sondern auch unsere Selbstkompetenz stärken – und vor allem die Fähigkeit, bewusst und achtsam mit dieser Neuen Welt zu interagieren.

Die ständige Vernetzung als Chance für Wachstum und Kreativität

Die digitale Welt hat sich zu einem unaufhaltsamen Strom entwickelt, der in alle Lebensbereiche fließt. Doch anstatt sich von ihr überrollen zu lassen, können wir die Vernetzung als Werkzeug nutzen, um unser kreatives Potenzial zu entfalten. Die wahre Herausforderung besteht darin, die digitale Welt nicht als Hindernis, sondern als Katalysator für persönliches Wachstum zu betrachten.

Ein bedeutender Vorteil der digitalen Vernetzung liegt im Zugang zu globalem Wissen und Inspiration. Wir haben nie zuvor so viele Informationen zur Hand gehabt – sei es durch Online-Kurse, Tutorials, Foren oder Podcasts. Der Schlüssel liegt darin, diese Fülle von Ressourcen gezielt zu nutzen und sich nicht in der Unmenge zu verlieren.

Für mich ist die ständige Veränderung des digitalen Raums eine Einladung, zu lernen, zu hinterfragen und kreativ zu bleiben. In der digitalen Ära sind die Möglichkeiten nahezu unbegrenzt. Wo früher der Zugang zu speziellen Informationen nur einer kleinen Elite vorbehalten war, können jetzt alle, die neugierig sind und bereit, Zeit zu investieren, die Welt des Wissens betreten.

Fokussierung auf das Wesentliche: Den eigenen Weg finden

Doch mit so viel Inspiration und Zugang zu Ideen aus aller Welt kann es auch eine Herausforderung sein, den eigenen Weg zu finden und nicht in der Masse der Eindrücke zu ertrinken. Die Lösung liegt in der Fokussierung auf das, was wirklich zu einem passt, und dem Mut, den eigenen Kurs zu verfolgen.

Ständig neue Ideen und Konzepte zu sammeln ist spannend, doch das wahre Wachstum kommt durch die Vertiefung des Wissens und das Umsetzen. Anstatt alles Mögliche zu konsumieren und zu absorbieren, geht es darum, das auszuwählen, was einem persönlich dient, was das eigene Potenzial stärkt und was die eigene Vision unterstützt.

Wir können uns entscheiden, den digitalen Raum nicht als Ablenkung, sondern als Katalysator zu nutzen, um Projekte zu starten, die uns erfüllen, und nicht nur Dinge zu tun, die „alle anderen" tun. Die wahre Herausforderung in der digitalen Welt ist nicht, was wir wissen, sondern was wir damit anfangen.

Die digitale Welt als Raum für Kreativität und Selbstausdruck

Die Digitalisierung hat unzählige Möglichkeiten für Selbstausdruck geschaffen. Plattformen wie Instagram, YouTube oder Blogs bieten jedem von uns die Chance, sich auszudrücken, eigene Werke zu schaffen und eine eigene Stimme in der Welt zu finden. Es geht nicht mehr nur darum, was uns „vorgegeben" wird, sondern darum, was wir selbst erschaffen können.

In meiner eigenen Reise habe ich festgestellt, dass es wichtig ist, authentisch zu bleiben. In einer Zeit, in der jeder „seinen Erfolg" in den sozialen Medien darstellen kann, liegt der wahre Wert nicht in der Zahl der Follower oder der perfekten Inszenierung, sondern in der Echtheit dessen, was wir teilen. Indem wir uns mit einem klaren Ziel und einer authentischen Stimme zeigen, können wir eine tiefere Verbindung zu anderen herstellen und gleichzeitig unsere Kreativität voll entfalten.

Die digitale Welt kann ein Spielplatz für die Kreativität sein, wenn wir sie richtig nutzen. Sie ermöglicht uns, mit Ideen zu experimentieren, neue Projekte zu starten und mit Gleichgesinnten weltweit in Kontakt zu treten.

Wie du deinen digitalen Raum mit Intention gestaltest

Ein bedeutender Aspekt, der oft übersehen wird, ist die Art und Weise, wie wir unseren digitalen Raum gestalten. Es geht darum, bewusst auszuwählen, welche Menschen und Inhalte wir in unser Leben lassen. In einer Welt, in der Informationen jederzeit und überall verfügbar sind, können wir uns oft überladen fühlen. Doch wir haben die Macht, diese Flut zu steuern.

1. Selektive Vernetzung: Konzentriere dich auf die Menschen und Quellen, die dich wirklich inspirieren. Anstatt den digitalen Raum mit zufälligen Informationen und oberflächlichen Verbindungen zu füllen, kannst du spezifische Netzwerke und Communitys auswählen, die zu deinem Wachstum beitragen.

2. Bewusste Mediennutzung: Nutze deine Zeit im digitalen Raum nicht nur passiv. Setze dir klare Ziele für die Nutzung sozialer Medien, Websites und Foren. Willst du lernen? Kontakte knüpfen? Dich von bestimmten Themen inspirieren lassen? Setze Absichten

und halte dich daran, damit du deine Energie auf das Wesentliche konzentrierst.

3. Inhalte kuratieren: Genauso wie du dein physisches Zuhause dekorierst und ordnest, kannst du auch deinen digitalen Raum kuratieren. Entlasse Inhalte, die dich nicht weiterbringen, und konzentriere dich auf das, was dir hilft, zu wachsen und deine Vision zu verwirklichen.

Der digitale Nomade: Freiheit durch bewusstes Leben

Eine der aufregendsten Perspektiven der digitalen Welt ist die Möglichkeit, als digitaler Nomade zu leben. Wir haben nicht nur die Freiheit, zu arbeiten, wo immer wir wollen, sondern auch die Möglichkeit, mit der Welt in Kontakt zu treten und Ideen zu teilen, ohne physische Grenzen zu spüren.

Doch auch der digitale Nomadismus erfordert eine klare Ausrichtung und Disziplin. Die Freiheit, überallhin zu gehen, kann schnell zur Ablenkung werden, wenn keine klaren Ziele und Strukturen bestehen. Der wahre Gewinn liegt in der Fähigkeit, diese Freiheit zu nutzen, um das eigene Potenzial zu entfalten – an jedem Ort, zu jeder Zeit.

Die digitale Welt kann uns befähigen, neue Wege zu gehen, unsere Träume zu verwirklichen und in einer zunehmend vernetzten Welt authentisch zu bleiben. Doch es ist eine Reise, die nicht ohne Herausforderungen ist. Wer die Kontrolle übernimmt, wer bewusst auswählt, wie und warum er sich vernetzt, wer sich nicht in der Flut von Informationen verliert, wird die wahre Freiheit in der digitalen Welt erleben.

Kapitel 2

Kapitel 2: Die Entwicklung von persönlicher Stärke in der digitalen Welt

Die Macht der Selbstreflexion und Selbstbestimmung

In einer Welt, die von ständiger Vernetzung und digitalen Einflüssen geprägt ist, ist es entscheidend, die Macht der Selbstreflexion zu erkennen. Wer wir sind und was wir in der digitalen Welt erreichen wollen, hängt nicht nur von den äußeren Umständen ab, sondern von unserer Fähigkeit, uns selbst bewusst zu steuern.

Die digitale Welt bietet uns eine nie dagewesene Freiheit, doch diese Freiheit kann leicht zu einer Falle werden. Es gibt immer neue Ablenkungen, immer neue Ziele, die uns aus dem Fokus bringen können. Genau deshalb ist es so wichtig, selbstbestimmt zu handeln und den eigenen Kurs bewusst zu wählen.

Selbstreflexion ist der erste Schritt, um diese Selbstbestimmung zu entwickeln. Es geht darum, regelmäßig innezuhalten, um sich zu fragen: „Was will ich wirklich ? Welche Informationen helfen mir dabei, dieses Ziel zu erreichen? Welche Aktivitäten dienen mir und welche rauben mir nur Energie?"

Die Fähigkeit zur Selbstreflexion ist ein Schlüsselwerkzeug, um in der digitalen Welt nicht nur zu überleben, sondern wirklich zu gedeihen. Es geht darum, sich selbst und seine Ziele immer wieder zu hinterfragen, sich anzupassen und weiterzuentwickeln. Diese Reflexion sollte nicht nur auf den Moment bezogen sein, sondern auch langfristig – welche Werte und Prinzipien möchte ich in meiner digitalen Reise verkörpern?

Die digitale Welt als Spiegel des Selbst

Die digitale Welt wirkt oft wie ein Spiegel, der uns auf unser Verhalten und unsere Werte zurückwirft. Auf Plattformen wie Instagram, X (ehemals Twitter) und LinkedIn sind wir ständig einem öffentlichen Blick ausgesetzt, der unsere Entscheidungen beeinflussen kann. Doch dieser digitale Spiegel kann uns auch enorm bei der persönlichen Weiterentwicklung unterstützen.

Wenn wir uns der digitalen Welt öffnen, spiegeln sich oft unsere innersten Wünsche, Ängste und Sehnsüchte wider. Jeder Kommentar, jeder Like, jede Interaktion mit anderen ist ein Indikator dafür, wie wir uns selbst sehen und wie wir in der Welt wahrgenommen werden möchten. Aber anstatt uns in diesem Spiegel zu verlieren, können wir ihn nutzen, um uns bewusst weiterzuentwickeln.

Digitale Authentizität wird immer wichtiger. Wer authentisch in der digitalen Welt agiert, geht nicht nur mit sich selbst im Einklang, sondern erlangt auch Respekt und Vertrauen von anderen. Indem wir uns nicht auf eine Persona beschränken, sondern uns so zeigen, wie wir sind, stärken wir unser Selbstbewusstsein und unsere Unabhängigkeit.

Die Bedeutung von Resilienz in der digitalen Ära

Resilienz – die Fähigkeit, sich von Rückschlägen zu erholen und sich nicht entmutigen zu lassen – ist eine der entscheidendsten Eigenschaften, die wir in der digitalen Welt entwickeln können. Während die digitale Welt viele Möglichkeiten bietet, kann sie uns auch konfrontieren: mit negativen Kommentaren, unangemessenen Vergleichen oder sich ständig verändernden Trends.

In dieser schnelllebigen Welt ist es entscheidend, sich von Rückschlägen nicht entmutigen zu lassen. Resilienz hilft uns dabei, uns nicht von äußeren Umständen beeinflussen zu lassen und immer wieder aufzustehen. Rückschläge sind nicht das Ende des Weges, sondern nur ein weiterer Schritt auf dem Weg zur persönlichen Stärke.

Der Schlüssel zu digitaler Resilienz liegt in der Akzeptanz. Akzeptiere, dass du nicht alles kontrollieren kannst, dass du Rückschläge erleben wirst, aber dass du immer die Wahl hast, wie du darauf reagierst. Akzeptiere, dass du nicht jedem gefallen kannst und dass du deinen eigenen Weg gehen musst – auch wenn der digitale Raum oft andere Wege vorgibt.

Digitale Unabhängigkeit: Dein eigener Chef werden

Ein weiterer Vorteil der digitalen Welt ist die Möglichkeit, unabhängig zu arbeiten. Die Zeiten, in denen wir ausschließlich auf einen traditionellen Bürojob angewiesen waren, gehören immer mehr der Vergangenheit an. Digitale Unabhängigkeit bedeutet, die Freiheit zu haben, seine Zeit und Energie auf die Projekte zu konzentrieren, die einem wirklich am Herzen liegen.

Es gibt zahlreiche Möglichkeiten, als Freelancer, Unternehmer oder kreativer Kopf ein Einkommen zu generieren – vom Online-Shop bis zu digitalen Dienstleistungen. Doch der Weg zur digitalen Unabhängigkeit erfordert mehr als nur den Willen, Geld zu verdienen. Es geht darum, sich der Verantwortung zu stellen, die mit der Freiheit einhergeht.

Wenn du dich für diesen Weg entscheidest, bedeutet das, dass du für deinen Erfolg und Misserfolg selbst verantwortlich bist. Du musst eine klare Vision entwickeln und bereit sein, für dein eigenes Wachstum zu arbeiten. Doch die Belohnung ist die Selbstverwirklichung und die Freude, dein eigenes Schicksal in der Hand zu haben.

Die Freiheit, von überall zu arbeiten und gleichzeitig die Kontrolle über das eigene Leben zu behalten, ist ein unglaublich motivierender Faktor für viele, die den Weg des digitalen Nomadentums einschlagen. Doch dieser Weg ist nicht immer einfach. Die Unsicherheiten des Freelancens oder Unternehmertums können herausfordernd sein. Hier kommen Disziplin und Selbstorganisation ins Spiel.

Das Entwickeln eines digitalen Mindsets

Der Schritt in die digitale Unabhängigkeit erfordert ein starkes digitales Mindset. Dies bedeutet, eine Denkweise zu entwickeln, die auf Flexibilität, Eigenverantwortung und langfristiger Vision basiert. Wer sich für den Weg des digitalen Nomaden entscheidet, muss lernen, mit den vielen Unwägbarkeiten des digitalen Marktes umzugehen und sich ständig anzupassen.

Ein digitales Mindset bedeutet, dass du nicht nur als Konsument von Informationen agierst, sondern auch als Schöpfer. Die digitale Welt bietet dir die Möglichkeit, eigene Produkte, Inhalte oder Dienstleistungen zu schaffen, die einen Mehrwert bieten – für dich selbst und für andere.

Es bedeutet auch, die Veränderung nicht als Bedrohung zu sehen, sondern als Chance. Der digitale Raum ist ständig in Bewegung, und wer sich dieser Bewegung verschließt, wird schnell überholt. Aber wer die Veränderung als etwas Positives sieht, kann die digitale Welt für sich nutzen, um immer wieder Neues zu lernen und zu schaffen.

Vom digitalen Surfer zum digitalen Pionier

Viele Menschen erleben die digitale Welt eher passiv – sie „surfen" im Internet, konsumieren Inhalte, folgen Trends. Doch es gibt einen entscheidenden Unterschied zwischen dem digitalen Surfer und dem digitalen Pionier.

Der digitale Pionier ist jemand, der nicht nur konsumiert, sondern aktiv gestaltet. Er erschafft eigene Inhalte, baut Marken auf, teilt Wissen und wird zum Vordenker in seiner Nische. Anstatt dem Trend hinterherzujagen, setzt der Pionier selbst Trends und hat den Mut, neue Wege zu gehen.

Der Schritt, den digitalen Raum nicht nur als Konsument zu erleben, sondern als Schöpfer, ist ein gewaltiger Schritt in Richtung persönlicher Unabhängigkeit und kreativer Entfaltung. In einer Welt, die von Informationen überflutet wird, hat der digitale Pionier die Fähigkeit, aus dieser Flut etwas Neues zu kreieren – sei es durch Kunst, Technologie oder innovative Ideen.

Kapitel 3

Kapitel 3: Digitale Freiheit, Innovation und der Überwindung von Selbstzweifeln

Die digitale Freiheit als Schlüssel zu wahrer Unabhängigkeit

Freiheit ist für viele von uns ein hohes Gut, doch wahre Freiheit zeigt sich oft erst dann, wenn wir uns von inneren und äußeren Zwängen befreien. In der digitalen Welt kann diese Freiheit auf eine vollkommen neue Weise erfahren werden. Digitale Freiheit bedeutet, die Kontrolle über unsere eigene Zeit, unsere Entscheidungen und unser Leben zurückzugewinnen.

Statt in traditionellen Mustern gefangen zu sein, wo der Kalender voll und die To-do-Liste endlos scheint, bietet die digitale Welt die Möglichkeit, nach eigenen Maßstäben zu leben und zu arbeiten. Du hast die Macht, dein eigenes Arbeitsumfeld zu gestalten, deine Zeit sinnvoll zu nutzen und die Art und Weise zu wählen, wie du deine Energie einsetzt.

Die Freiheit, zu entscheiden, wann und wo du arbeitest, ist nur ein Aspekt dieser digitalen Unabhängigkeit. Sie umfasst auch die Freiheit, deinen eigenen Weg zu gehen, ohne den gesellschaftlichen Druck, sich in vorgefertigte Rollen zu fügen. Der digitale Raum ist nicht an einen physischen Ort gebunden – er eröffnet die Möglichkeit, den eigenen Horizont ständig zu erweitern und neue Dinge auszuprobieren.

Doch diese Freiheit bringt auch eine Verantwortung mit sich – die Verantwortung, bewusst zu leben und Entscheidungen zu treffen, die mit den eigenen Werten und Zielen übereinstimmen. Die Wahl, wie wir unsere Zeit im digitalen Raum verbringen, bestimmt unser Leben – und diese Entscheidung liegt ganz bei uns.

Innovation als treibende Kraft der digitalen Welt

Die digitale Welt lebt von Innovation. Ohne ständig neue Ideen, Technologien und Konzepte wären wir in einer stagnierenden, gesichtslosen Welt gefangen. Was aber bedeutet Innovation wirklich? Sie geht weit über den bloßen Einsatz neuer Technologien hinaus. Innovation ist die Kunst, das Bekannte zu hinterfragen und das Unbekannte zu erschaffen.

In der digitalen Welt geht es darum, bestehende Strukturen zu hinterfragen und mit neuen, kreativen

Lösungen zu reagieren. Wer sich der digitalen Freiheit hingibt, wird feststellen, dass er ständig die Möglichkeit hat, neue Wege zu gehen, zu experimentieren und innovative Konzepte zu entwickeln.

Ob in der Kunst, im Geschäft oder im täglichen Leben – Innovation ist der Motor, der uns vorantreibt. Sie sorgt dafür, dass wir uns nicht nur an bestehende Normen anpassen, sondern uns aktiv von ihnen lösen und neue Möglichkeiten erschließen. Wer innovativ ist, hat die Fähigkeit, dynamisch zu denken, Probleme aus neuen Perspektiven zu betrachten und kreative Lösungen zu entwickeln. Innovation ist der Schlüssel, um sich in der digitalen Welt nicht nur zu behaupten, sondern auch herauszustechen.

Der innere Kritiker und wie man ihn überwindet

Doch Innovation erfordert Mut – Mut, neue Dinge auszuprobieren, das Alte loszulassen und ins Ungewisse zu springen. In diesem Prozess ist der innere Kritiker einer der größten Hürden. Diese Stimme in unserem Kopf, die uns sagt, dass wir nicht gut genug sind, dass unsere Ideen nicht ausreichen, dass wir es ohnehin nicht schaffen werden – sie ist ein ständiger Begleiter. Aber der innere Kritiker ist ein Feind der Innovation.

Er hindert uns daran, unser volles Potenzial zu entfalten.

Die Frage ist: Wie gehen wir mit diesem inneren Kritiker um? Wie können wir die Selbstzweifel überwinden, die uns immer wieder daran hindern, das zu tun, was wir wirklich wollen? Die Antwort liegt in der Akzeptanz und der Selbstreflexion. Der innere Kritiker mag nie ganz verschwinden – aber wir können lernen, ihn zu hören, ohne ihm zu folgen.

Anstatt den inneren Kritiker zu bekämpfen, sollten wir ihn als eine Art inneren Begleiter betrachten, der uns auf die Gefahren hinweist, aber nicht unser Handeln bestimmen darf. Wir müssen die Stimme der Selbstzweifel erkennen, sie akzeptieren und dennoch den Schritt wagen. Wenn wir immer darauf warten, dass die Zweifel verschwinden, werden wir niemals den Mut finden, wirklich Neues zu schaffen.

Die Angst vor dem Scheitern und die Bedeutung des Scheiterns für persönliches Wachstum

Ähnlich wie der innere Kritiker ist auch die Angst vor dem Scheitern ein ständiger Begleiter auf dem Weg zur digitalen Freiheit und Innovation. In einer Welt, in der Erfolg oft nur als der perfekte Moment dargestellt wird, ist es schwer, sich mit dem Gedanken anzufreunden, dass Scheitern eine notwendige Voraussetzung für persönliches Wachstum ist.

Doch der Schlüssel zu echter Innovation liegt oft im Scheitern. Denn Scheitern bedeutet nicht das Ende, sondern den Anfang von etwas Neuem. Jeder Fehler, jeder Rückschlag ist eine Lektion, die uns näher an unser Ziel bringt. Scheitern ist nicht das Gegenteil von Erfolg, sondern ein Teil davon.

Die Menschen, die am meisten Erfolg haben, sind diejenigen, die es wagen, zu scheitern. Sie sind nicht die, die alles perfekt machen, sondern die, die immer wieder aufstehen, die aus ihren Fehlern lernen und neue Wege finden. Es geht darum, sich selbst zu vertrauen und den Prozess zu schätzen, nicht nur das Endergebnis.

Selbstbestimmte Entscheidungen in einer Welt voller Ablenkungen

Die digitale Welt ist voll von Ablenkungen. Ständig neue Informationen, Benachrichtigungen und Nachrichten fordern unsere Aufmerksamkeit und verleiten uns dazu, in ständiger Reaktion zu leben. Doch wahre digitale Freiheit entsteht nur dann, wenn wir die

Ablenkungen minimieren und uns bewusst dafür entscheiden, was wir konsumieren und was wir produzieren.

Der Akt der Entscheidung ist ein wesentlicher Schritt, um in der digitalen Welt zu navigieren. Wir können uns nicht von jedem Trend oder jeder Neuerung treiben lassen, sondern müssen bewusst wählen, worauf wir unsere Energie verwenden. Es geht darum, die digitale Welt nicht zu einem Ort des Konsums zu machen, sondern zu einem Raum für kreative Entfaltung und persönliche Weiterentwicklung.

Um dies zu erreichen, bedarf es einer klaren Vision, die über das bloße Reagieren auf äußere Impulse hinausgeht. Wir müssen uns fragen: „Was ist mir wirklich wichtig? Was will ich in der digitalen Welt erreichen?"

Die digitale Welt als Spielplatz für deine Entfaltung

Die digitale Welt bietet mehr als nur eine Plattform für die tägliche Kommunikation oder Arbeit. Sie ist ein Spielplatz, ein Labor, in dem du mit Ideen experimentieren kannst, neue Talente entdecken und dich kontinuierlich weiterentwickeln kannst. Es ist ein Ort, an dem du deine eigenen Regeln aufstellen und dein Leben nach deinen eigenen Vorstellungen gestalten kannst.

Die digitale Freiheit eröffnet uns die Möglichkeit, die klassischen Normen und Strukturen zu hinterfragen und uns jenseits von traditionellen Vorstellungen von Erfolg zu entfalten. Sie ermöglicht es uns, zu experimentieren, zu scheitern und neu zu beginnen – immer wieder, immer weiter.

Doch wie bei jedem Spielplatz gibt es Regeln, die man lernen muss, und Herausforderungen, die es zu meistern gilt. Der Unterschied zur traditionellen Welt ist jedoch, dass in der digitalen Welt der Raum für Wachstum unendlich ist – du kannst immer wieder neue Wege gehen, neue Perspektiven einnehmen und deine Träume neu definieren.

Kapitel 4

Kapitel 4: Die Kunst der Transformation – Wie du Veränderung aktiv gestaltest und in die Realität umsetzt

Veränderung ist ein ständiger Begleiter des Lebens, und dennoch scheuen sich viele vor ihr. Warum? Veränderung ist oft unbequem, sie fordert uns heraus und bringt uns aus unserer Komfortzone. Doch was wäre, wenn wir diese Veränderung nicht als Bedrohung, sondern als Chance begreifen würden? Was, wenn wir Veränderung nicht als etwas Ungewolltes erleben, sondern als etwas, das uns auf unserem Weg zur besten Version unserer selbst voranbringt?

Die Kunst der Transformation besteht darin, die Veränderung nicht nur zu akzeptieren, sondern sie bewusst und aktiv zu gestalten. Sie wird zum Werkzeug, mit dem du dein Leben nach deinen Vorstellungen formst. Du musst verstehen, dass Veränderung nicht nur passiv geschieht, sondern dass du die volle Verantwortung für deine Entwicklung trägst. Wer sich selbst als passive Instanz im eigenen Leben sieht, der wird die Veränderungen immer nur als etwas ertragen, das ihm widerfährt. Wer sich jedoch als aktiver Schöpfer seiner Realität begreift, der hat die Macht, das Steuer selbst in die Hand zu nehmen.

1. Veränderung als Teil des Lebens akzeptieren

Zuallererst ist es wichtig zu verstehen, dass Veränderung ein natürlicher Prozess ist. Sie ist nicht das, was dich aus der Bahn wirft, sondern das, was dich weiterbringt. Niemand bleibt in einem stillen Wasser stehen. Ein Fluss bewegt sich ständig, er ist nie gleich – so ist es auch mit dem Leben. Diejenigen, die stillstehen, verlieren ihre Flexibilität und werden schließlich in den Strudeln des Lebens verschlungen, während die, die in Bewegung bleiben, immer wieder neue Horizonte erreichen.

Was in vielen Köpfen steckt, ist die Vorstellung, dass Veränderungen nur dann erfolgreich sind, wenn sie genau nach einem bestimmten Plan verlaufen. Doch das ist eine Illusion. Der wahre Erfolg kommt nicht dadurch, dass du dich strikt an ein festgelegtes Skript hältst, sondern dass du in der Lage bist, flexibel und offen auf die Anforderungen des Lebens zu reagieren. Genau das ist die Grundlage für einen aktiven Transformationsprozess.

2. Den inneren Widerstand überwinden

Veränderung ist nicht nur ein äußerer Prozess. Oft ist es der innere Widerstand, der uns im Weg steht. Dieser Widerstand ist tief in uns verwurzelt. Es sind die Ängste, die uns davor bewahren, neue Wege zu gehen. Doch ohne diesen Mut zu Ungewissheit gibt es keine Entwicklung. Der Weg zur Transformation führt oft durch den Tunnel der Angst. Doch je öfter du diese Ängste konfrontierst, desto weniger Raum wird ihnen in deinem Leben zugestanden.

Der erste Schritt, um diesen Widerstand zu über-winden, ist die bewusste Entscheidung, dass du Verän-derung möchtest. Und zwar nicht irgendwann, sondern jetzt. Es geht darum, die Verantwortung für dein Leben zu übernehmen und zu erkennen, dass du die Macht hast, dich von den Umständen, die dir derzeit vielleicht wie eine Last erscheinen, zu befreien. Deine Haltung ist entscheidend. Glaube nicht, dass dir das Leben Dinge antut – erkenne, dass du der Schöpfer deiner Realität bist.

3. Die Macht des Mindsets nutzen

Die innere Einstellung, die du zu Veränderungen entwickelst, beeinflusst maßgeblich den Verlauf deiner Transformation. Ein wachstumsorientiertes Mindset ist der Schlüssel zu allem. Wer an sich selbst glaubt, wer bereit ist, aus Fehlern zu lernen, der wird die Veränderung als einen ständigen Prozess des Wachsens und Reifens begreifen. Es gibt keine Misserfolge, nur Lektionen. Die Fähigkeit, immer wieder aufzustehen, wenn du gefallen bist, ist das, was den Unterschied zwischen denen ausmacht, die erfolgreich sind, und denen, die aufgeben.

Der Erfolg kommt nicht durch Perfektion. Er kommt durch den Mut, es immer wieder zu versuchen. Der Fehler ist nicht das Problem, sondern die Einstellung zu ihm. Wer Fehler als Hindernisse sieht, wird sie für immer in den Weg gestellt bekommen. Wer jedoch Fehler als Sprungbrett für weiteres Wachstum anerkennt, wird sie als wertvolle Erfahrungen auf dem Weg zum Erfolg betrachten.

4. Transformation erfordert Konsequenz

Der wichtigste Aspekt jeder Veränderung ist die Konsequenz. Veränderung ist kein einmaliger Akt, sondern ein kontinuierlicher Prozess. Du musst nicht nur die Entscheidung treffen, Veränderungen zu wollen, sondern auch die Ausdauer und Disziplin aufbringen, diese Veränderungen in deinem Leben dauerhaft umzusetzen.

Viele Menschen brechen ihren Weg zur Veränderung ab, weil sie glauben, dass der Erfolg sofort sichtbar sein muss. Doch wahre Transformation benötigt Zeit. Es ist die tägliche, oft unsichtbare Arbeit an sich selbst, die schließlich zu den sichtbaren Ergebnissen führt. Der Glaube an sich selbst, das stetige Dranbleiben und das Vertrauen in den Prozess sind die Elemente, die am Ende des Weges stehen.

5. Die Kraft der Neugier

Ein weiterer entscheidender Faktor für den Erfolg bei der aktiven Gestaltung von Veränderungen ist die Neugier. Wer neugierig auf das Leben ist, der ist offen für neue Perspektiven und neue Erfahrungen. Das Leben in seiner vollen Tiefe zu erleben, erfordert die Bereitschaft, immer wieder neue Dinge zu lernen, alte Denkmuster zu hinterfragen und sich auf unbekanntes Terrain zu wagen. Diese Neugier ist der Motor für kreative und transformierende Prozesse.

Neugier führt uns zu neuen Ideen, zu anderen Denkweisen und zu einer erweiterten Wahrnehmung der Welt. Wer sich diese Neugier bewahrt, der bleibt immer in Bewegung und findet immer neue Wege, sich selbst zu entwickeln und die Welt zu verändern.

6. Transformation als ständige Evolution

Transformation ist kein Ziel, das irgendwann erreicht wird. Es ist ein fortlaufender Prozess, ein sich ständig verändernder Zustand. Der Moment, in dem du dich als „fertig" betrachtest, ist der Moment, in dem du beginnst, dich selbst zu stagnieren. Veränderung ist nicht nur eine einmalige Entscheidung, sie ist ein tägliches Bekenntnis dazu, immer weiterzuwachsen. Es geht darum, ständig zu lernen, zu hinterfragen und sich zu erneuern.

Die Menschen, die am meisten Erfolg haben, sind nicht diejenigen, die irgendwann alles erreicht haben, sondern diejenigen, die nie aufhören, sich zu entwickeln. Sie sind diejenigen, die verstehen, dass der Weg das Ziel ist und dass die kontinuierliche Evolution der Schlüssel zum Erfolg ist.

Fazit

Veränderung ist keine abstrakte Theorie, sondern eine lebendige, greifbare Kraft, die du nutzen kannst, um dein Leben zu gestalten. Sie ist der Motor, der dich zu deinen Zielen führt, der Schlüssel, der dir den Zugang zu einer neuen Realität öffnet. Doch wie bei jedem großen Abenteuer ist es deine Entscheidung, ob du den Schritt wagst. Die Menschen, die am meisten verändern, sind nicht diejenigen, die auf der Suche nach Sicherheit sind, sondern diejenigen, die bereit sind, mit ihrer Veränderung die Welt zu beeinflussen. Transformation ist keine Option, sie ist eine Notwendigkeit – für ein Leben in Fülle, für ein Leben voller Wachstum und für ein Leben, das von dir selbst gestaltet wird.

Kapitel 5

Kapitel 5: Die Freiheit des Selbst – Wie du die Fesseln der Erwartungen ablegst und dein wahres Potenzial entfaltest

Wir leben in einer Welt, die von Erwartungen und Normen geprägt ist. Diese Erwartungen kommen von vielen Seiten – von der Familie, von Freunden, von der Gesellschaft und manchmal sogar von uns selbst. Aber was passiert, wenn wir uns von diesen Erwartungen befreien? Was, wenn wir uns entscheiden, nicht mehr das zu tun, was von uns erwartet wird, sondern das, was wir wirklich wollen und brauchen, um unser wahres Potenzial zu entfalten?

Die Ketten der Erwartungen

Schon als Kinder lernen wir, uns den Erwartungen anderer anzupassen. Es beginnt bei den Eltern, die uns in bestimmte Richtungen lenken, um sicherzustellen, dass wir erfolgreich sind und das Beste aus unserem Leben machen. Doch im Laufe der Jahre können diese gut gemeinten Erwartungen zu Fesseln werden, die uns daran hindern, unser eigenes Leben zu leben.

Die Erwartungen der Gesellschaft können genauso erdrückend wirken. Sie sagen uns, wie wir aussehen sollen, wie wir uns verhalten sollen, was wir tun sollen, um als „erfolgreich" zu gelten. Und oft geschieht dies auf eine subtile Weise, die es schwer macht, sich von diesen äußeren Einflüssen zu befreien. Aber es gibt einen Ausweg. Und dieser Ausweg führt uns zu einem Leben in Freiheit – der Freiheit, uns selbst zu entdecken und unser wahres Potenzial zu leben.

Die Entscheidung zur Freiheit

Die wahre Freiheit beginnt mit einer Entscheidung – der Entscheidung, den eigenen Weg zu gehen. Es erfordert Mut, die Stimme in uns selbst zu hören und ihr zu vertrauen, statt den Erwartungen und Meinungen anderer zu folgen. Diese Entscheidung ist der erste Schritt auf dem Weg zu einem Leben, das nicht von äußeren Einflüssen bestimmt wird, sondern von der eigenen inneren Weisheit.

Es ist wichtig zu verstehen, dass dieser Schritt nicht nur eine intellektuelle Entscheidung ist, sondern eine emotionale und spirituelle. Der Weg zur Freiheit erfordert, dass wir uns von der Angst befreien, was andere über uns denken, und den Mut haben, das zu tun, was uns wirklich erfüllt.

Übung 1: Deine wahre Stimme finden

Setze dich an einen ruhigen Ort und schließe die Augen. Denke an die Dinge, die du in deinem Leben wirklich tun möchtest, ohne an die Erwartungen anderer zu denken. Was ist es, das dein Herz wirklich erregt? Schreibe diese Dinge auf und reflektiere darüber. Welche Ängste halten dich davon ab, diesen Weg zu gehen? Schreibe diese Ängste ebenfalls auf und frage dich, ob sie wirklich deine eigenen sind oder ob sie von anderen übernommen wurden.

Die Befreiung von der Angst

Ein weiterer wichtiger Bestandteil auf dem Weg zur Freiheit ist, die Angst vor dem Unbekannten zu überwinden. Es ist einfach, in den gewohnten Bahnen zu bleiben, weil diese uns Sicherheit bieten. Doch wahre Freiheit entsteht oft erst, wenn wir den Mut haben, den sicheren Hafen zu verlassen und uns ins Ungewisse zu wagen.

Die Angst vor dem Scheitern, vor Kritik oder vor dem Unbekannten kann uns davon abhalten, den ersten Schritt zu tun. Aber gerade in der Überwindung dieser Ängste liegt die wahre Befreiung. Wir müssen lernen, diese Ängste zu akzeptieren, aber nicht von ihnen bestimmen zu lassen. Jede Angst, die wir überwinden, öffnet die Tür zu einer größeren Freiheit.

Übung 2: Die Angst entlarven

Denke an eine Situation, in der du dich bisher nicht getraut hast, deinen eigenen Weg zu gehen. Welche Ängste haben dich zurückgehalten? Schreibe diese Ängste auf und analysiere sie. Frage dich, ob sie wirklich realistisch sind oder ob sie lediglich die Erfindungen deines Verstandes. Was könnte der schlimmste Fall sein, und was könntest du tun, um auch diesen schlimmsten Fall zu überstehen?

Der Weg zur Selbstverwirklichung

Die Freiheit des Selbst ist eng mit der Selbstverwirklichung verbunden. Wenn wir uns von den äußeren Erwartungen befreien, kommen wir in Kontakt mit unserem wahren Selbst. Wir beginnen zu verstehen, wer wir wirklich sind und was wir wirklich wollen. Diese Erkenntnis ist der Schlüssel, um unser volles Potenzial zu entfalten.

Selbstverwirklichung bedeutet nicht nur, die eigenen Talente und Fähigkeiten zu erkennen, sondern auch, den eigenen Weg im Leben zu gehen – unabhängig von den Erwartungen anderer. Es bedeutet, die eigene Bestimmung zu leben, die tief im Inneren eines jeden von uns liegt.

Übung 3: Dein wahres Potenzial erkennen

Schreibe auf, was du über dich selbst glaubst – sowohl positiv als auch negativ. Welche Eigenschaften und Fähigkeiten siehst du in dir, die du in der Vergangenheit vielleicht übersehen hast? Was möchtest du noch entwickeln und wie kannst du diese Entwicklung in deinem Alltag integrieren? Sei ehrlich zu dir selbst und erkenne dein wahres Potenzial an.

Das Leben ohne Bedauern

Die Freiheit des Selbst bedeutet auch, dass wir die Verantwortung für unser eigenes Leben übernehmen. Wir sind die Schöpfer unseres Schicksals, und nur wir können entscheiden, wie wir unser Leben gestalten. Wenn wir uns von den Erwartungen befreien, die uns durch andere oder durch die Gesellschaft auferlegt wurden, können wir ein Leben führen, das im Einklang mit unseren eigenen Werten und Zielen steht.

Das Leben ohne Bedauern ist das Ergebnis dieser Entscheidung zur Freiheit. Wir werden uns nicht mehr fragen, was hätte sein können, wenn wir andere Entscheidungen getroffen hätten, sondern wir leben bewusst und selbstbestimmt. Jede Entscheidung, die wir treffen, ist ein Schritt in Richtung der Verwirklichung unseres eigenen Potenzials.

Übung 4: Leben ohne Bedauern

Nimm dir einen Moment, um über dein Leben nachzudenken. Gibt es Dinge, die du bereust? Entscheidungen, die du anders hättest treffen sollen? Schreibe diese Gedanken auf und frage dich, was du aus diesen Erfahrungen gelernt hast. Was kannst du tun, um in Zukunft bewusster zu leben und Entscheidungen zu treffen, die deinem wahren Selbst entsprechen? Visualisiere dein Leben ohne Bedauern und was du tun würdest, wenn du wüsstest, dass du keine falschen Entscheidungen treffen kannst.

Fazit

Die Freiheit des Selbst ist eine Reise, die von der Entscheidung ausgeht, den eigenen Weg zu gehen. Sie beginnt mit der Befreiung von den Erwartungen der anderen und der Angst vor dem Unbekannten. Sie führt uns zur Selbstverwirklichung und einem Leben ohne Bedauern. Indem wir uns selbst treu bleiben und den Mut haben, uns immer wieder neu zu erfinden, öffnen wir die Tür zu einem Leben voller Möglichkeiten und einem wahren Entfalten unseres Potenzials.

Kapitel 6

Kapitel 6: Die Kunst, Entscheidungen zu treffen – Wie du aus deiner Unsicherheit herausfindest und klare, mutige Schritte gehst

Entscheidungen zu treffen ist ein alltäglicher, doch fundamentaler Teil unseres Lebens. Vom kleinsten Alltagsmoment bis hin zu den lebensverändernden Wendepunkten stehen wir ständig vor der Herausforderung, Optionen abzuwägen und zu handeln. Aber warum fällt uns das oft so schwer? Warum beschäftigen wir uns endlos mit unseren Überlegungen und zweifeln an uns selbst, wenn es darum geht, klare, mutige Entscheidungen zu treffen?

Ein großer Teil dieser Unsicherheit rührt von einer tief verwurzelten Angst vor Fehlern und deren Konsequenzen. In einer Gesellschaft, die häufig den Erfolg an der Fehlervermeidung misst, wird das Treffen von Entscheidungen zu einer gewaltigen Hürde. Wir sind davon überzeugt, dass jede falsche Wahl uns unser Glück kosten könnte, dass jeder Schritt, der sich später als unklug herausstellt, uns aus der Bahn werfen könnte. Doch was, wenn wir lernen würden, Entscheidungen nicht mehr als Last, sondern als Möglichkeit zu sehen, zu wachsen und zu lernen?

Die unsichtbaren Fesseln der Angst

Unsere Ängste, die uns in unserer Entscheidungs-findung lähmen, sind oft unsichtbar, sie liegen tief in uns verborgen. In vielen Fällen sind diese Ängste nicht real, sondern eingebildet. Sie entstehen aus vergangenen Erfahrungen, kulturellen Erzählungen und den Erwartungen anderer. Du hast dich vielleicht schon oft gefragt, wie du die richtige Entscheidung treffen kannst, ohne im Rückblick an dir selbst zu zweifeln. Doch wenn du eine Entscheidung triffst, kannst du niemals zu 100% wissen, was die Zukunft bringt. Die einzige Möglichkeit, mutig zu handeln, ist, das Risiko der Ungewissheit anzunehmen.

Ein weiterer häufiger Grund für Entscheidungslosigkeit ist das Gefühl der Überwältigung. Oft stehen wir vor einer Vielzahl von Möglichkeiten und wissen nicht, welche wir wählen sollen. Wir fühlen uns erdrückt von der Vielzahl der Optionen und fallen in eine Art Lähmung, die uns hindert, überhaupt zu handeln. Doch es gibt eine einfache Wahrheit: Keine Entscheidung ist dauerhaft. Es ist ein dynamischer Prozess, bei dem du immer wieder anpassen und neu ausrichten kannst. Der erste Schritt ist, überhaupt etwas zu tun.

Die 5-Schritte-Methode für klare Entscheidungen

Um aus der Unsicherheit herauszukommen, bedarf es klarer Schritte. Im Folgenden zeige ich dir eine Methode, die dir helfen kann, mutige Entscheidungen zu treffen und sie mit mehr Vertrauen zu fällen:

1. Klarheit über die Optionen

Der erste Schritt besteht darin, dir alle möglichen Optionen bewusst zu machen. Oft vermeiden wir die Entscheidung, weil wir den Überblick verlieren. Wenn du vor einer Wahl stehst, schreibe alle Optionen auf, die dir einfallen. Du wirst überrascht sein, wie schnell sich die Wolken der Unsicherheit lichten, wenn du deine Gedanken zu Papier bringst. Dieser Schritt hilft dir, aus dem Kopfkino herauszukommen und in die Tat zu kommen.

2. Die Konsequenzen abwägen

Denke nicht nur an die unmittelbaren Vorteile einer Entscheidung, sondern auch an die langfristigen Auswirkungen. Wo könnte dich jede Option hinführen? Welche Konsequenzen haben deine Entscheidungen für dein Leben, deine Beziehungen und dein persönliches Wachstum? Wenn du die möglichen

Ergebnisse klar vor Augen hast, wird es leichter, mit einem klaren Kopf zu entscheiden.

3. Dein Bauchgefühl hören

Unser Verstand ist unglaublich mächtig, aber oft hat unser Bauchgefühl die Antwort auf eine Entscheidung, die noch nicht vollständig durchdacht ist. Dein Instinkt hat unzählige Erfahrungen und Informationen gespeichert, die in bestimmten Momenten zu einer schnellen und richtigen Entscheidung führen können. Höre auf dein Gefühl, wenn du unsicher bist, ob eine Wahl die richtige für dich ist.

4. Entscheidung treffen – auch mit Unsicherheit

Es ist wichtig zu akzeptieren, dass keine Entscheidung vollkommen sicher ist. Der Weg, der vor dir liegt, ist nie in seiner Gesamtheit vorgezeichnet. Oft wissen wir erst im Nachhinein, ob eine Entscheidung gut oder schlecht war. Aber du wirst feststellen, dass dir selbst ein falscher Schritt mehr Klarheit bringt als gar keiner. Wenn du an einer Kreuzung stehst und keine klare Richtung weißt, geh einfach los. Die Richtung ist nicht so wichtig wie der erste Schritt, denn Bewegung bringt Klarheit.

5. Verantwortung übernehmen

Egal, welche Entscheidung du triffst, übernehme Verantwortung dafür. Schiebe die Schuld nicht auf äußere Umstände oder andere Menschen. Verantwortung bedeutet, dass du die Kontrolle über dein Leben und deine Entscheidungen hast. Es bedeutet auch, dass du aus Fehlern lernst und nicht zulässt, dass Rückschläge dich entmutigen. Nur wer Verantwortung übernimmt, kann seine Entscheidungen frei und ohne Reue treffen.

Der Verlust der "perfekten Entscheidung"

Viele von uns streben nach der "perfekten" Entscheidung. Wir glauben, dass es einen idealen Weg gibt, der uns ein Leben ohne Reue und voller Erfolg garantiert. Doch diese Vorstellung ist eine Illusion. Das Leben ist dynamisch und unvorhersehbar. Selbst die scheinbar falschen Entscheidungen können uns in Richtungen führen, die wir nie für möglich gehalten hätten.

Indem du dich von der Suche nach der perfekten Entscheidung verabschiedest, öffnest du dich für neue Erfahrungen. Die Angst vor Fehlern und Misserfolgen verliert ihren Schrecken, wenn du sie als Teil des Lernprozesses begreifst. Fehler sind keine Beweise für

Mangel oder Unfähigkeit, sondern Chancen für persönliches Wachstum. Jeder Fehler ist eine Gelegenheit, dich besser kennenzulernen und zu verstehen, was wirklich wichtig für dich ist.

Vertrauen in deine Entscheidungen aufbauen

Der Schlüssel, um mutige Entscheidungen zu treffen, liegt im Vertrauen – Vertrauen in dich selbst, in deine Intuition und in die Prozesse des Lebens. Du bist in der Lage, dich durch jede Herausforderung zu navigieren, weil du die Werkzeuge und Ressourcen in dir trägst. Dieses Vertrauen wächst, je mehr du es übst.

Ein praktischer Weg, Vertrauen aufzubauen, ist es, jeden kleinen Schritt zu feiern, den du machst. Oft neigen wir dazu, uns nur auf die großen Erfolge zu konzentrieren und die kleinen Fortschritte zu übersehen. Doch es sind die täglichen Entscheidungen und Handlungen, die den Weg zu einem erfüllten Leben ebnen. Feiere also auch die kleinsten Erfolge und sei stolz auf die Entscheidung, die du gerade getroffen hast – unabhängig vom Ausgang.

Übung: Deine Entscheidungsmatrix

Um dir bei der nächsten Entscheidung zu helfen, kannst du die folgende Übung ausprobieren. Sie wird dir helfen, Klarheit zu gewinnen und deine Optionen zu visualisieren.

1. Schritt 1 – Die Entscheidung aufschreiben: Schreibe auf, welche Entscheidung du treffen musst. Sei so konkret wie möglich.

2. Schritt 2 – Alle Optionen auflisten: Schreibe alle Optionen auf, die du hast. Denk an jede Möglichkeit, auch wenn sie zunächst unpraktisch oder unrealistisch erscheint.

3. Schritt 3 – Vor- und Nachteile abwägen: Gehe jede Option durch und schreibe die Vor- und Nachteile auf. Überlege dabei, wie jede Entscheidung dein Leben beeinflussen wird.

4. Schritt 4 – Intuition und Bauchgefühl: Höre auf dein Bauchgefühl. Was fühlt sich am besten an? Gibt es eine Option, die du innerlich bevorzugst, obwohl sie rational gesehen weniger überzeugend erscheint?

5. Schritt 5 – Entscheidung treffen und Verantwortung übernehmen: Triff eine Entscheidung und stehe zu ihr. Übernimm die volle Verantwortung und mach den ersten Schritt.

Fazit

Mutige Entscheidungen sind der Schlüssel zu einem erfüllten Leben. Du musst nicht immer den richtigen Weg kennen, aber du kannst dich immer darauf verlassen, dass du die Fähigkeit hast, mit den Herausforderungen umzugehen, die dir begegnen. Indem du deine Entscheidungen mit Vertrauen und Klarheit triffst, wirst du nicht nur deine Unsicherheit überwinden, sondern dein wahres Potenzial entfalten und deinen eigenen Weg finden.

Kapitel 7: Die Macht des Jetzt – Wie du im Moment lebst und deine Zukunft selbst gestaltest

Es gibt einen Moment, der immer da ist – der Moment, in dem du lebst. Es ist der Augenblick, der dir alles bietet, was du brauchst, um wirklich zu existieren. Viele von uns sind so damit beschäftigt, über die Vergangenheit nachzudenken oder die Zukunft zu planen, dass sie nie wirklich im Hier und Jetzt ankommen. Sie laufen durch das Leben, ohne den gegenwärtigen Moment zu bemerken, und verpassen dabei die Essenz dessen, was das Leben wirklich ausmacht.

Wenn du lernen willst, dein Potenzial voll zu entfalten, musst du das Jetzt akzeptieren. Denn es gibt nur einen Moment, in dem du die Kontrolle hast: den gegenwärtigen. Das ist der Moment, in dem du die Entscheidungen triffst, die dich auf den Weg der Veränderung führen. Du kannst den Moment der Entscheidung nicht zurückholen oder vorwegnehmen. Er ist jetzt.

Die Verlockung der Zukunft

Es ist verführerisch, ständig an das Morgen zu denken. Wir sind von Natur aus darauf programmiert, Ziele zu setzen und nach vorne zu schauen. Aber oft führt uns dieser Blick in die Ferne zu einer wichtigen Wahrheit, die wir aus den Augen verlieren: Der einzige Moment, in dem du die Kontrolle über dein Leben hast, ist der Moment, den du gerade erlebst. Die Zukunft ist unsicher, und die Vergangenheit ist nicht mehr zugänglich.

Wenn du dir ständig Sorgen um die Zukunft machst, wirst du nie das volle Potenzial dessen ausschöpfen, was du im Moment tun könntest. Deine Energie wird in ein hypothetisches Szenario gebunden, das noch nicht existiert und das du nie mit Sicherheit beeinflussen kannst.

Die Wirkung der Gegenwart auf die Zukunft

Das bedeutet jedoch nicht, dass du die Zukunft völlig ignorieren solltest. Ganz im Gegenteil: Der gegenwärtige Moment ist der Weg, wie du die Zukunft gestalten kannst. Du wirst zu dem, was du heute tust, denkst und fühlst. Deine Handlungen im Hier und Jetzt haben eine direkte Auswirkung auf die Art und Weise, wie sich dein Leben entfaltet. Der Moment ist der

Nährboden für deine Träume, Wünsche und Veränderungen.

Wenn du dich auf den Moment konzentrierst, kannst du mit höchster Klarheit die Entscheidungen treffen, die deine Zukunft gestalten. Deine Ausrichtung auf das Jetzt hilft dir dabei, deine Schritte mit dem zu synchronisieren, was du in deinem Leben erreichen möchtest. Du kannst deine Handlungen auf den inneren Fokus ausrichten, der dich vorwärtsbringt, anstatt dich von äußeren Umständen ablenken zu lassen.

Die Kunst der Achtsamkeit

Achtsamkeit ist der Schlüssel, um im Moment zu leben. Es bedeutet, vollständig und ohne Urteil in dem gegenwärtigen Augenblick zu sein. Es geht darum, deine Gedanken, Gefühle und Körperempfindungen ohne Bewertung wahrzunehmen. Wenn du achtsam bist, bist du offen für das, was der Moment dir bietet. Du lebst nicht in der Vergangenheit und hängst nicht an der Zukunft, sondern nimmst das Leben als das an, was es ist.

Achtsamkeit bedeutet nicht, sich von der Welt abzuschotten, sondern sie in ihrer vollen Schönheit und Intensität zu erleben. Sie bedeutet, deine Sinne zu schärfen und jede Erfahrung mit einem offenen Herzen zu empfangen. Ob es der Klang von Regen auf dem Fenster ist oder das Gefühl der Sonne auf der Haut – all das sind Gelegenheiten, im Moment zu leben.

Warum Menschen die Gegenwart meiden

Die meisten Menschen meiden die Gegenwart, weil sie sich von der Vergangenheit oder der Zukunft ablenken lassen. Sie haben ungelöste Konflikte, Erinnerungen oder Ängste, die sie in der Vergangenheit festhalten. Oder sie jagen ständig nach Zielen und Ergebnissen, die in der Zukunft liegen. Das ist eine der größten Blockaden, die dich daran hindert, dein volles Potenzial zu entfalten. Du kannst nicht in die Zukunft reisen, noch kannst du die Vergangenheit zurückholen. Das Einzige, was du tun kannst, ist, im Hier und Jetzt zu handeln.

Diese Flucht vor dem Moment ist tief verwurzelt in der Angst. Die Angst vor dem Unbekannten der Zukunft oder der Schmerz der Vergangenheit führt dazu, dass Menschen nicht in der Gegenwart leben können. Sie drücken sich vor der Verantwortung, die es bedeutet, im Jetzt zu leben, und geben der Vergangenheit oder der Zukunft die Kontrolle über ihr Leben.

Die Transformation durch den Moment

Die wahre Transformation geschieht im Moment. Der Moment ist der Ort, an dem deine wahre Veränderung stattfindet. Du kannst dein Leben nicht verändern, indem du in der Zukunft darauf wartest, dass sich etwas ändert, und auch nicht, indem du in der Vergangenheit nach Antworten suchst. Der einzige Ort, an dem du etwas verändern kannst, ist der gegenwärtige Moment. Wenn du in diesem Moment die richtigen Entscheidungen triffst, kannst du die Zukunft formen, die du dir wünschst.

Stell dir vor, du würdest in jedem Moment die besten Entscheidungen für dein Leben treffen. Wenn du im Moment die Kontrolle über deine Gedanken, Handlungen und Entscheidungen hast, wird sich deine Zukunft von alleine entfalten. Dein Potenzial ist immer da – es muss nur im richtigen Moment aktiviert werden.

Die Verbindung von Körper und Geist

Um wirklich im Moment zu leben, ist es entscheidend, Körper und Geist miteinander in Einklang zu bringen. Oft sind wir so sehr in unseren Gedanken gefangen, dass wir die Signale unseres Körpers übersehen. Aber unser Körper ist ein direkter Spiegel unserer inneren Welt. Wenn du lernst, auf die Bedürfnisse deines Körpers zu hören, wirst du auch besser in der Lage sein, in der Gegenwart zu leben.

Der Körper gibt uns ständig Hinweise darauf, was wir brauchen, wie wir uns fühlen und was wir gerade erleben. Wenn du diese Signale wahrnimmst und anerkennst, wirst du tiefer in den Moment eintauchen können. Dein Geist wird klarer und ruhiger, und du wirst in der Lage sein, bessere Entscheidungen zu treffen.

Übung 1: Achtsamkeitsübung – Der Moment der Wahrnehmung

Setze dich an einen ruhigen Ort, schließe die Augen und atme tief ein und aus. Konzentriere dich auf deinen Atem. Spüre, wie die Luft durch deine Nase strömt und deine Lungen füllt. Nimm wahr, wie sich dein Bauch bei jedem Atemzug hebt und senkt. Lasse alle Gedanken los und richte deine gesamte Aufmerksamkeit auf deinen Atem.

Versuche, dich nur auf den gegenwärtigen Moment zu konzentrieren. Wenn Gedanken kommen, erkenne sie an, aber lasse sie wieder ziehen. Kehre immer wieder zu deinem Atem zurück. Diese Übung hilft dir, im Moment zu bleiben und deine Aufmerksamkeit vollständig auf das Jetzt zu richten.

Übung 2: Die Macht der kleinen Entscheidungen

Schreibe dir eine Liste der Dinge auf, die du heute tun möchtest. Beginne mit den kleinen Aufgaben, die du erledigen musst, wie zum Beispiel das Aufräumen deines Arbeitsplatzes oder das Erledigen von E-Mails. Konzentriere dich darauf, jede Aufgabe mit voller Aufmerksamkeit zu erledigen, ohne dich ablenken zu lassen. Achte darauf, wie du dich bei jeder Entscheidung fühlst. Jedes Mal, wenn du dich für etwas entscheidest, bringst du dich einen Schritt näher zu deinem Ziel. Indem du diese kleinen Entscheidungen bewusst triffst, formst du deine Zukunft – Schritt für Schritt.

Die Verbindung zum größeren Ganzen

Indem du im Moment lebst, verbindest du dich mit dem größeren Ganzen. Der Moment ist nicht nur ein flüchtiger Augenblick in der Zeit; er ist ein Teil des unendlichen Flusses des Lebens. Jeder Moment, den du erlebst, trägt zu deiner Reise bei, zu der Entwicklung deines Selbst und zu deiner Verbindung mit der Welt. Wenn du das Jetzt anerkennst, wirst du erkennen, dass du nicht nur ein Teil von etwas Größerem bist, sondern dass du auch die Fähigkeit hast, dieses größere Bild mitzugestalten.

Fazit

Das Leben entfaltet sich im Moment. Der gegenwärtige Augenblick ist der einzige Ort, an dem du wirklich existieren kannst. Wenn du im Hier und Jetzt lebst, wirst du nicht nur dein Potenzial entfalten, sondern auch die Freiheit finden, die du suchst. Du kannst deine Zukunft nicht kontrollieren, aber du kannst entscheiden, wie du auf den Moment reagierst, der gerade vor dir liegt. Und indem du das tust, wirst du die Richtung finden, die du suchst – ohne Angst, ohne Zweifel, sondern mit dem Wissen, dass der Moment der Schlüssel zu deiner Transformation ist.

**Kapitel 8: Die Kunst der Selbstbegegnung –
Wie du durch Achtsamkeit und Selbstreflexion dein
wahres Selbst entdeckst**

Selbstbegegnung ist der Schlüssel zu einem Leben
in Authentizität und Erfüllung. Wenn wir lernen, uns
selbst zu begegnen, statt uns ständig den äußeren Anforderungen und Erwartungen anzupassen, können wir
in einer tieferen Verbindung mit uns selbst leben. Dies
ist keine einfache Aufgabe, da der Weg zu sich selbst
oft mit Unsicherheiten, Ängsten und Widerständen ge-
pflastert ist. Doch der Lohn dieser Reise ist unermess-
lich: die Freiheit, die eigene Wahrheit zu leben, die
Stärke, sich von äußeren Meinungen nicht beeinflussen
zu lassen, und die Fähigkeit, echte und tiefe Verbindungen mit anderen Menschen zu schaffen.

Die Grundlagen der Selbstbegegnung

Selbstbegegnung bedeutet, den Kontakt zu sich
selbst wiederherzustellen und regelmäßig zu pflegen.
Es ist eine Praxis, bei der du innehältst, um dich selbst
zu beobachten, deine Gedanken und Emotionen wahrzunehmen und ohne Urteil zu akzeptieren. Dies erfordert Achtsamkeit – die Fähigkeit, im Moment zu sein

und sich selbst und die eigene Situation aus einer un-voreingenommenen Perspektive zu betrachten.

Im Alltag verlieren wir oft den Kontakt zu uns selbst. Wir lassen uns von äußeren Erwartungen trei-ben, von der ständigen Erreichbarkeit und den Mei-nungen anderer Menschen. Die Welt ist laut und ab-lenkend, und es fällt schwer, den eigenen inneren Kompass zu spüren. Doch um dein wahres Selbst zu entdecken, musst du lernen, diesem Lärm zu entkom-men und in dich hineinzuhören.

Achtsamkeit als Schlüssel zur Selbstbegegnung

Achtsamkeit ist die Praxis, den Moment bewusst und ohne Ablenkung zu erleben. Sie ist der Grundpfei-ler der Selbstbegegnung, weil sie dir erlaubt, dich von der Flut an Gedanken, Gefühlen und äußeren Einflüs-sen zu distanzieren und in eine tiefere Verbindung mit deinem inneren Selbst zu treten. Durch Achtsamkeit beginnst du zu erkennen, welche Gedanken und Über-zeugungen du in dir trägst, welche Muster dich lenken und wo du dich selbst vielleicht noch begrenzt.

Die Praxis der Achtsamkeit ist einfach und kann jederzeit in den Alltag integriert werden. Du kannst achtsam essen, gehen oder einfach nur atmen. Es geht nicht darum, den Moment zu kontrollieren oder zu verändern, sondern ihn vollständig zu erleben, ohne in Gedanken zu fliehen oder zu bewerten.

Selbstreflexion – Der Spiegel der Seele

Selbstreflexion ist der Prozess, in dem du über deine Gedanken, Gefühle und Handlungen nachdenkst, sie analysierst und verstehst. Sie ist wie ein Spiegel, der dir zeigt, wer du wirklich bist, was dich antreibt und welche Ängste dich blockieren. Selbstreflexion hilft dir, Muster zu erkennen, die dich immer wieder in die gleichen Schwierigkeiten führen, und gibt dir die Möglichkeit, bewusst zu entscheiden, wie du auf Herausforderungen reagierst.

Es ist wichtig, dass du bei der Selbstreflexion ehrlich mit dir selbst bist. Viele Menschen vermeiden es, sich ihren eigenen Ängsten und Schwächen zu stellen, weil es unangenehm sein kann. Doch nur durch diese Auseinandersetzung mit den dunklen Seiten deiner Persönlichkeit kannst du die Befreiung finden, die mit der Entdeckung des wahren Selbst kommt.

Übung 1: Die Selbstbeobachtung

Beginne mit einer einfachen Übung der Selbstbeobachtung, um in den Zustand der Achtsamkeit zu kommen. Setze dich an einen ruhigen Ort und schließe die Augen. Beobachte, ohne zu bewerten, was in deinem Geist vor sich geht. Welche Gedanken kommen auf? Wie fühlen sich diese Gedanken an? Versuch, dich nicht mit diesen Gedanken zu identifizieren, sondern sie einfach wahrzunehmen, wie Wolken, die am Himmel vorbeiziehen.

Diese Übung hilft dir, die Kontrolle über deine Gedanken abzugeben und dich nicht von ihnen bestimmen zu lassen. Sie schult deine Fähigkeit, in den Moment einzutauchen und dich von äußeren und inneren Ablenkungen zu distanzieren.

Übung 2: Das tägliche Journal

Selbstreflexion wird stark durch das Schreiben unterstützt. Nimm dir jeden Tag Zeit, um in einem Journal deine Gedanken und Gefühle niederzuschreiben. Frage dich: Was habe ich heute gelernt? Welche Muster habe ich in meinem Verhalten oder meinen Gedanken erkannt? Was könnte ich anders machen?

Diese Übung hilft dir nicht nur, dich selbst besser zu verstehen, sondern sie zeigt dir auch, wie du dich entwickelst und welche Themen in deinem Leben gerade präsent sind. Es ist ein kraftvolles Werkzeug, um Klarheit über dein Leben zu gewinnen.

Die Entdeckung des wahren Selbst

Der wahre Selbst ist nicht der Mensch, den du denkst, dass du sein solltest. Es ist nicht die Person, die du in den Augen anderer siehst oder die du aufgrund von äußeren Normen und Erwartungen zu sein glaubst. Das wahre Selbst ist die Essenz dessen, wer du wirklich bist, ohne all die Masken, die du trägst.

Die Entdeckung deines wahren Selbst ist eine Reise, die niemals ganz abgeschlossen ist. Sie ist ein fortlaufender Prozess des Wachstums, der Auseinandersetzung und der Akzeptanz. Dein wahres Selbst zeigt sich, wenn du aufhörst, dich selbst zu verurteilen und dich stattdessen in Liebe und Verständnis annimmst. Nur dann wirst du in der Lage sein, die Fülle deines Lebens zu erfahren und dein wahres Potenzial zu entfalten.

Die Rolle der Selbstakzeptanz

Ein wichtiger Aspekt der Selbstbegegnung ist die Selbstakzeptanz. Nur wenn du dich selbst vollständig annimmst – mit all deinen Fehlern, Schwächen und Widersprüchen – kannst du ein Leben voller Frieden und Freude führen. Selbstakzeptanz bedeutet, sich nicht ständig zu kritisieren oder zu verändern, sondern sich so zu lieben, wie man ist. Es bedeutet, die eigenen Unvollkommenheiten als Teil des gesamten Bildes zu akzeptieren und sich nicht selbst als weniger wertvoll zu betrachten.

Übung: Akzeptiere dich heute in einem Bereich deines Lebens, in dem du dich normalerweise ablehnst. Vielleicht ist es ein körperliches Merkmal, ein Fehler oder eine Schwäche. Nimm dir bewusst Zeit, um diese Eigenschaft zu lieben und zu akzeptieren.

Die Bedeutung des inneren Dialogs

Der Dialog, den du mit dir selbst führst, hat einen enormen Einfluss auf deine Wahrnehmung von dir selbst und auf die Art und Weise, wie du auf die Welt reagierst. Wenn du dich selbst ständig kritisierst oder abwertest, wirst du Schwierigkeiten haben, dein wahres Selbst zu entdecken und zu leben. Doch wenn du liebevoll und respektvoll mit dir selbst sprichst, wirst du in der Lage sein, das Vertrauen in dich selbst zu stärken und den Mut zu finden, deine wahren Wünsche zu verfolgen.

Fazit: Die Reise zu dir selbst

Die Kunst der Selbstbegegnung ist eine Reise, die tief in dir selbst beginnt und dich immer weiter zu deinem wahren Selbst führt. Sie fordert dich heraus, deine Ängste zu überwinden, dich von den Erwartungen anderer zu befreien und die Kontrolle über dein eigenes Leben zu übernehmen. Mit Achtsamkeit und Selbstreflexion kannst du den Weg zu dir selbst finden und ein Leben führen, das auf Authentizität und innerem Frieden basiert.

Die Reise ist nicht immer einfach, aber sie ist der einzige Weg, um wirklich frei zu sein – frei von den Fesseln der Erwartungen, frei von den Mustern der Vergangenheit, frei, dein wahres Potenzial zu entfalten. Die Kunst der Selbstbegegnung ist der Schlüssel zu einem erfüllten Leben, und der Moment, in dem du diese Kunst meisterst, ist der Moment, in dem du wirklich beginnst zu leben.

Kapitel 9: Der innere Kompass – Wie du deine Werte findest und deine Richtung im Leben bestimmst

Jeder Mensch ist auf der Suche – nach dem, was ihn erfüllt, nach dem, was ihm Halt gibt, nach dem, was seinem Leben Bedeutung verleiht. Diese Suche ist einzigartig, so individuell wie ein Fingerabdruck. Doch trotz dieser Einzigartigkeit gibt es einen entscheidenden Punkt, an dem sich alle Menschen verbinden: der innere Kompass.

Der innere Kompass ist das unverkennbare Gefühl, das uns auf unserem Lebensweg leitet. Er ist es, der uns immer wieder in die richtige Richtung weist, auch wenn der Weg manchmal steinig oder unklar erscheint. Doch was genau ist dieser Kompass? Was steckt hinter diesem Konzept? Und wie können wir ihn entdecken und nutzen, um eine Richtung in unserem Leben zu finden, die uns nicht nur zufriedener, sondern auch authentischer macht?

1. Was ist der innere Kompass?

Der innere Kompass ist ein metaphorisches Konzept, das in vielen spirituellen und psychologischen Traditionen eine Rolle spielt. Es ist das innere Gefühl oder die innere Orientierung, die uns hilft, Entscheidungen zu treffen, die im Einklang mit unseren tiefsten Werten, Zielen und Wünschen stehen. Er fungiert als unser inneres Navigationssystem, das uns daran erinnert, was wirklich wichtig ist, auch wenn äußere Einflüsse uns in die Irre führen wollen.

Doch was genau macht diesen Kompass aus? Er besteht aus den Werten, die wir im Laufe unseres Lebens entwickeln – den Prinzipien, die uns leiten und unsere Entscheidungen beeinflussen. Es sind diese Werte, die unser Leben sinnvoll und erfüllend machen. Sie sind wie der Stern, den wir in der Nacht am Himmel sehen und dem wir folgen können, um nicht vom Weg abzukommen.

2. Die Bedeutung der Werte – Warum sie der Schlüssel zum inneren Kompass sind

Um den inneren Kompass zu finden und ihm zu folgen, müssen wir zuerst verstehen, was unsere Werte wirklich sind. Werte sind nicht die oberflächlichen Dinge, die wir in Werbung oder in den sozialen Medien sehen – die Materialien, den Status oder die äußere

Anerkennung. Werte sind tiefere, fundamentale Prinzipien, die unser Leben bestimmen. Sie sind es, die uns zu den Menschen machen, die wir sind. Und sie geben uns die Klarheit, zu wissen, was für uns wahrhaftig wichtig ist.

Beispiele für grundlegende Werte könnten Ehrlichkeit, Liebe, Verantwortung, Respekt, Freiheit, Gerechtigkeit oder Kreativität sein. Jeder Mensch hat eine einzigartige Mischung aus Werten, die ihm helfen, im Leben zu navigieren. Diese Werte sind nicht statisch, sondern können sich mit der Zeit weiterentwickeln, je mehr wir uns selbst und die Welt um uns herum verstehen.

Die Auseinandersetzung mit den eigenen Werten ist von entscheidender Bedeutung, weil sie uns hilft, klare Prioritäten zu setzen. Wenn wir wissen, was uns wirklich wichtig ist, fällt es uns leichter, Entscheidungen zu treffen und uns von äußeren Erwartungen oder dem Druck der Gesellschaft zu befreien. Wir können unsere Energie und Zeit in die Dinge investieren, die uns erfüllen und die uns näher zu unserem wahren Selbst bringen.

3. Wie finde ich meine Werte?

Die Suche nach den eigenen Werten ist ein tiefge-hender, oft langwieriger Prozess. Es ist eine Reise, die sich nicht in einem einzigen Moment abtut, sondern in vielen kleinen, aber bedeutsamen Schritten. Es gibt jedoch einige Methoden, um diesen Prozess zu unter-stützen und Klarheit zu gewinnen.

3.1 Die Reflexion der eigenen Lebensgeschichte

Ein guter Anfang, um die eigenen Werte zu erken-nen, ist die Reflexion der eigenen Lebensgeschichte. Welche Momente in deinem Leben haben dir das Ge-fühl gegeben, dass du auf dem richtigen Weg warst? Was hat dich erfüllt und dir das Gefühl gegeben, le-bendig zu sein? Gab es Zeiten, in denen du das Gefühl hattest, dass etwas fehlt oder dass du dich von deinem inneren Kompass entfernt hast?

Indem du diese Momente durchgehst und dir die Fragen stellst, was dich wirklich glücklich gemacht hat, kannst du Muster erkennen, die dir helfen, deine Werte zu identifizieren. Vielleicht gab es einen Mo-ment in deinem Leben, in dem du dich für deine Fami-lie eingesetzt hast, obwohl es schwer war – vielleicht ist Familie für dich ein zentraler Wert. Vielleicht hast du in einer schwierigen Situation Verantwortung übernommen und es hat dir gezeigt, wie wichtig dir Integrität und Verantwortungsbewusstsein sind.

3.2 Die Werte anderer Menschen

Auch das Beobachten von Menschen, die du bewunderst oder die dich inspirieren, kann dir helfen, deine eigenen Werte zu finden. Welche Eigenschaften schätzt du an diesen Menschen? Sind es ihre Authentizität, ihr Mut, ihre Empathie oder ihre Weisheit? Wenn du siehst, was du an anderen schätzt, kannst du oft erkennen, welche Werte dir selbst wichtig sind.

3.3 Das Werteinventar

Ein weiteres hilfreiches Werkzeug ist das sogenannte Werteinventar. Dabei geht es darum, eine Liste von möglichen Werten zu erstellen und zu überlegen, welche davon für dich zutreffen. Manchmal kann es helfen, eine Liste von 20 bis 30 Werten zu haben und dann schrittweise die herauszufiltern, die für dich am wichtigsten sind.

4. Der Einfluss der äußeren Welt auf deinen inneren Kompass

Es gibt eine Herausforderung, der wir uns alle stellen müssen: die äußeren Einflüsse. Die Gesellschaft, Familie, Freunde und die Medien beeinflussen uns ständig und lenken uns oft von unserem wahren Selbst ab. Sie stellen Anforderungen, die nicht immer im Einklang mit unseren inneren Werten stehen. Die ständige Konfrontation mit den Vorstellungen anderer von Erfolg, Schönheit oder Glück kann uns verwirren und dazu führen, dass wir unseren eigenen Kompass aus den Augen verlieren.

Doch der Weg zur Selbstverwirklichung und zu einem erfüllten Leben liegt darin, diese äußeren Erwartungen zu erkennen und zu hinterfragen. Indem wir uns bewusst entscheiden, den äußeren Lärm zu minimieren und uns auf die Stimme unseres eigenen Kompasses zu konzentrieren, können wir Klarheit gewinnen und uns auf den Weg machen, der für uns wahrhaftig ist.

Es ist wichtig, sich immer wieder die Frage zu stellen: „Was möchte ich wirklich?" „Was ist für mich wichtig?" Diese Fragen helfen uns, uns von den Erwartungen anderer zu befreien und uns auf unsere eigenen Werte und Wünsche zu konzentrieren.

5. Der innere Kompass als Entscheidungshelfer

Der innere Kompass spielt eine entscheidende Rolle bei unseren Entscheidungen. Oft stehen wir vor Wahlmöglichkeiten, die uns nicht immer leicht erscheinen. Aber wenn wir uns auf unsere Werte besinnen, wird die Entscheidung klarer. Unser innerer Kompass hilft uns, den richtigen Weg zu wählen – den Weg, der im Einklang mit unserem wahren Selbst steht.

Indem wir auf unsere Werte hören, können wir uns von äußeren Zweifeln und Verwirrung befreien und eine Entscheidung treffen, die uns näher zu dem Leben bringt, das wir wirklich wollen. Es geht nicht darum, perfekte Entscheidungen zu treffen, sondern darum, mit einem klaren und authentischen Gefühl zu handeln, das uns im Einklang mit unseren tiefsten Überzeugungen und Zielen hält.

6. Übungen: Den inneren Kompass aktivieren

Übung 1: Die Werte-Liste

Erstelle eine Liste von 10 bis 15 Werten, die für dich von Bedeutung sind. Du kannst dies allein oder mit Hilfe von Werten, die du bei anderen Menschen beobachtest, tun. Gehe dann die Liste durch und wähle die drei Werte aus, die dir am meisten am Herzen liegen. Was bedeutet jeder dieser Werte für dich in deinem täglichen Leben?

Übung 2: Entscheidungsfindung mit dem inneren Kompass

Wenn du das nächste Mal vor einer schwierigen Entscheidung stehst, frage dich, welcher Wert in dieser Situation für dich am wichtigsten ist. Schreibe die verschiedenen Optionen auf und überlege dann, welche Entscheidung am besten zu deinem inneren Kompass passt. Wie fühlt sich jede Entscheidung in deinem Körper an? Ist sie im Einklang mit deinem wahren Selbst?

Übung 3: Der Kompass der Zukunft

Stelle dir vor, du bist in der Zukunft angekommen. Du bist auf dem Weg, den du für dich selbst gewählt hast. Wie sieht dieser Weg aus? Was hast du erreicht? Was hast du verloren? Was hast du gewonnen? Schreibe deine Vision auf und vergleiche sie mit deinen aktuellen Werten und Zielen. Wie kannst du heute handeln, um diese Zukunft zu gestalten?

Fazit

Der innere Kompass ist der Schlüssel, um ein erfülltes und authentisches Leben zu führen. Durch die Entdeckung und das Bewusstsein unserer Werte finden wir den klaren Kurs, der uns auf unserem Weg begleitet. Wenn wir uns bewusst dafür entscheiden, diesen inneren Kompass zu nutzen, können wir in einer Welt voller Ablenkungen und Erwartungen nicht nur den richtigen Weg finden, sondern auch die Freiheit erleben, unser Leben nach unseren eigenen Vorstellungen zu gestalten.

Kapitel 10

Kapitel 10: Der Weg zu deiner bestmöglichen Version – Wie du deine Vision in die Realität umsetzt und dein volles Potenzial entfesselst

Am Anfang jeder Reise steht der erste Schritt. Und auf dem Weg zu deiner bestmöglichen Version gibt es keinen Moment, der bedeutender ist als der Moment, in dem du dich entscheidest, die Reise tatsächlich anzutreten. Die Entscheidung, zu wachsen, zu lernen, dich selbst zu entfalten – sie ist der Schlüssel, der den gesamten Prozess in Gang setzt. Es ist der erste Schritt in Richtung deiner höchsten Selbstverwirklichung, der Moment, in dem du erkennst, dass du mehr bist als die Summe deiner Ängste und Zweifel. Du bist ein unendliches Potenzial, das nur darauf wartet, sich zu entfalten.

Doch wie setzt man eine Vision in die Realität um? Wie kann man sicherstellen, dass man nicht nur träumt, sondern handelt? Der Weg zur bestmöglichen Version deiner selbst ist kein leichter, aber er ist der lohnendste. Und dieser Weg ist mehr als nur eine Ansammlung von Zielen – er ist ein Prozess, eine Reise, die jeden Tag neue Möglichkeiten bietet.

1. Die Kraft der Vision – Deine Quelle der Motivation

Visionen sind wie Sterne am Himmel. Sie leuchten in der Dunkelheit und geben uns Orientierung, auch wenn der Weg nicht immer klar ist. Eine Vision ist weit mehr als ein Ziel oder ein Wunsch – sie ist der Ausdruck dessen, was du im tiefsten Inneren erreichen möchtest. Sie spiegelt dein wahres Selbst wider und zeigt dir, was du wirklich vom Leben willst. Eine Vision gibt deinem Leben Richtung und Sinn.

Doch eine Vision ist nur dann kraftvoll, wenn sie klar und lebendig ist. Es reicht nicht aus, einfach zu sagen: „Ich möchte ein besserer Mensch sein." Deine Vision muss spezifisch, detailreich und mit deiner tiefsten Wahrheit verbunden sein. Wenn du dir vorstellen kannst, wie dein Leben in der Zukunft aussieht, wenn du deine bestmögliche Version bist, wirst du die nötige Motivation finden, um dich von den Hindernissen auf deinem Weg nicht abhalten zu lassen.

1.1. Die Kraft der Visualisierung

Eine der stärksten Methoden, um deine Vision lebendig werden zu lassen, ist die Visualisierung. Visualisiere jeden Tag in aller Ruhe und Stille die Version von dir selbst, die du in Zukunft sein möchtest. Wie fühlst du dich, wenn du all deine Ziele erreicht hast? Was tust du, was hast du erreicht, wer bist du in dieser Version deines Lebens? Visualisiere all die Details, von den Emotionen bis hin zu den konkreten Handlungen.

Die Visualisierung hilft dir nicht nur dabei, deine Vision klar vor Augen zu haben, sondern sie stärkt auch das Vertrauen in deine Fähigkeit, sie zu verwirklichen. Es ist ein innerer Prozess, der dir ermöglicht, dich mit der zukünftigen Version von dir selbst zu verbinden und sie zu einem festen Bestandteil deiner Realität zu machen.

2. Die Kunst des Handelns – Wie du deine Ziele in konkrete Schritte verwandelst

Visionen sind inspirierend, aber sie allein reichen nicht aus, um dein Potenzial zu entfesseln. Der entscheidende Schritt ist das Handeln. Viele Menschen träumen von einer besseren Version ihrer selbst, doch nur wenige setzen diese Vision in konkrete Schritte um. Das Geheimnis, um deine bestmögliche Version zu werden, liegt im Handeln – im kontinuierlichen, entschlossenen Handeln.

2.1. Vom Ziel zum Plan

Der erste Schritt, um deine Vision in die Realität umzusetzen, ist, sie in klare, greifbare Ziele zu unterteilen. Diese Ziele müssen spezifisch, messbar, erreichbar, relevant und zeitgebunden (SMART) sein. Anstatt nur zu sagen: „Ich will ein besserer Mensch werden", formuliere ein klares Ziel wie: „Ich möchte in den nächsten sechs Monaten eine neue Fähigkeit erlernen, die mir in meinem Beruf hilft."

Der nächste Schritt ist, diese Ziele in einen konkreten Plan umzusetzen. Dies erfordert, dass du dir regelmäßig Zeit nimmst, um zu prüfen, was du erreicht hast und was noch getan werden muss. Es geht darum, dich nicht von den unzähligen Aufgaben und Ablenkungen ablenken zu lassen, sondern fokussiert und zielstrebig zu handeln. Deine Vision wird nur dann Realität, wenn du konsequent dran bleibst und dich nicht von Rückschlägen oder Herausforderungen entmutigen lässt.

2.2. Tägliche Schritte

Jede Reise beginnt mit dem ersten Schritt, aber es sind die vielen kleinen, täglichen Schritte, die den Unterschied machen. Jeden Tag zu handeln, auch wenn es nur kleine Schritte sind, trägt dazu bei, dass du kontinuierlich Fortschritte machst und deine Vision immer greifbarer wird. Der Schlüssel liegt darin, eine tägliche Praxis zu etablieren – sei es durch kleine Gewohnheiten, die deine Selbstdisziplin stärken, oder durch konsequentes Arbeiten an deinen Zielen. Jede Handlung, die du tust, bringt dich näher an deine bestmögliche Version.

3. Resilienz – Der Schlüssel, um nicht aufzugeben

Der Weg zur besten Version deiner selbst ist nicht immer einfach. Du wirst Rückschläge erleiden, Fehler machen und auf Hindernisse stoßen. Doch der wahre Unterschied zwischen denen, die ihre Visionen verwirklichen, und denen, die aufgeben, ist die Fähigkeit zur Resilienz. Resilienz ist die Fähigkeit, nach einem Rückschlag wieder aufzustehen, weiterzumachen und an sich selbst zu glauben.

3.1. Die Bedeutung von Rückschlägen

Rückschläge sind unvermeidlich auf jeder Reise. Sie gehören genauso zu deinem Wachstum wie die Erfolge. Statt Rückschläge als Misserfolge zu sehen, solltest du sie als Lektionen betrachten, die dich weiterbringen. Jeder Rückschlag gibt dir die Möglichkeit,

etwas über dich selbst zu lernen, deine Herangehens-
weise zu verbessern und stärker zurückzukommen.

Die Fähigkeit, aus Rückschlägen zu lernen und
sich wieder zu erheben, ist der wahre Ausdruck von
Stärke. Wenn du in der Lage bist, die Herausforderungen als Teil des Prozesses zu akzeptieren und sie zu
überwinden, wirst du auf lange Sicht immer erfolgrei-
cher und stärker werden.

3.2. Wie du mit Niederlagen umgehst

Wenn du auf Rückschläge stößt, erinnere dich daran, dass sie keine Niederlagen sind – sie sind lediglich
Umwege, die dich zu einer besseren Version von dir
selbst führen. Die Kunst besteht darin, sich nicht von
diesen Momenten der Entmutigung unterkriegen zu
lassen. Erkenne, dass du weiterhin auf dem richtigen
Weg bist, auch wenn es nicht immer so aussieht. Nutze
jede Niederlage als Treibstoff, um noch stärker und
fokussierter voranzukommen.

4. Die Rolle der Achtsamkeit und Selbstfürsorge – Wie du dich auf der Reise zu deinem besten Selbst unterstützt

Während du die Reise zu deiner bestmöglichen Version antrittst, ist es entscheidend, dass du dich auf dem Weg gut um dich selbst kümmerst. Achtsamkeit und Selbstfürsorge sind unerlässlich, um das nötige Gleichgewicht zu bewahren und nicht auszubrennen. Du wirst herausfinden, dass es nicht nur die äußeren Erfolge sind, die wichtig sind, sondern auch die innere Zufriedenheit und das Wohlbefinden. Indem du dir selbst wertvolle Pausen gönnst, Zeit für Regeneration und Reflexion findest und deine eigenen Bedürfnisse achtest, schaffst du es, auf lange Sicht motiviert und fokussiert zu bleiben.

Achtsamkeit hilft dir, im Moment zu leben und bewusst wahrzunehmen, was auf deinem Weg passiert. Sie sorgt dafür, dass du nicht nur an deinen Zielen festhältst, sondern auch die Schönheit und das Wachstum während des Prozesses schätzt. Sie erinnert dich daran, dass der Weg genauso wichtig ist wie das Ziel selbst.

5. Übungen: Deine Reise beginnen

Übung 1: Vision Board

Erstelle ein Visionboard, auf dem du all deine Ziele, Träume und die Version von dir selbst abbildest, die du sein möchtest. Finde Bilder, Zitate und Symbole, die deine Vision lebendig machen. Hänge es an einem Ort auf, an dem du es täglich sehen kannst, um dich konstant an deine Ziele zu erinnern.

Übung 2: Tägliche Mini-Schritte

Setze dir täglich mindestens eine Aufgabe, die dich deiner Vision näherbringt. Es muss keine große Aufgabe sein – manchmal sind es die kleinen, konsistenten Schritte, die den größten Unterschied machen. Achte darauf, dass du jeden Tag etwas tust, um deinem Ziel näherzukommen.

Übung 3: Reflektion der Fortschritte

Setze dich einmal pro Woche hin und reflektiere über deinen Fortschritt. Welche Erfolge hast du erzielt? Welche Rückschläge hast du überwunden? Was kannst du aus diesen Erfahrungen lernen? Schreibe deine Gedanken und Erkenntnisse auf, um deine Reise bewusst zu verfolgen und weiterzuwachsen.

Fazit

Die Reise zu deiner bestmöglichen Version ist keine einfache, aber sie ist die lohnendste Reise, die du unternehmen kannst. Sie erfordert Mut, Disziplin, Resilienz und Achtsamkeit. Doch mit der richtigen Vision, dem Willen zu handeln und der Bereitschaft, aus Rückschlägen zu lernen, wirst du dein wahres Potenzial entfalten. Und am Ende wirst du erkennen, dass der Weg selbst, das stetige Wachstum und die Selbstverwirklichung, der wahre Schatz auf dieser Reise ist.

Nachwort

Nachwort

Wir stehen an der Schwelle zu einer neuen Ära –
einer Zeit, in der Technologie, Bewusstsein und
menschliche Entwicklung enger miteinander verwoben
sind als je zuvor. „Mensch 2.0" ist keine ferne Zu-
kunftsvision, sondern eine Realität, die wir bereits
formen. Die Frage ist nicht mehr, *ob* wir diesen Wan-
del erleben, sondern *wie* wir ihn gestalten.

Dieses Buch sollte keine Antworten diktieren,
sondern Denkanstöße geben. Es sollte herausfordern,
inspirieren und dazu ermutigen, sich bewusst mit der
eigenen Entwicklung auseinanderzusetzen. Die Welt
verändert sich rasant, doch unser größtes Potenzial
liegt nicht in Maschinen oder Algorithmen, sondern in
unserer Fähigkeit, uns selbst zu erkennen und aktiv zu
wachsen.

Was bedeutet es, ein bewusster Mensch in einer
hochtechnologisierten Welt zu sein? Wie bewahren wir
unsere Menschlichkeit, während wir mit künstlicher
Intelligenz, Automatisierung und digitalen Identitäten
verschmelzen? Dies sind Fragen, die nicht nur Philo-

sophen oder Wissenschaftler betreffen – sie gehen uns alle an.

Jeder von uns hat die Wahl, ob er sich treiben lässt oder die Richtung bestimmt. „Mensch 2.0" ist kein festgelegtes Konzept, sondern eine offene Möglichkeit. Es liegt an uns, ob wir zu passiven Nutzern oder aktiven Gestaltern unserer Zukunft werden.

In diesem Sinne: Denke groß, hinterfrage, entwickle dich weiter – und vor allem, bleib *Mensch*.

Danksagung

Dieses Buch wäre ohne die unermüdliche Neugier, den Mut und die Entschlossenheit, neue Wege zu gehen, nicht möglich gewesen. Mein tiefster Dank gilt all jenen, die mich auf meinem Weg inspiriert, unterstützt und herausgefordert haben.

Ein besonderer Dank gilt meiner Familie, die mir stets den Raum gibt, meine Gedanken frei zu entfalten, und meinen Freunden, die mich mit wertvollen Gesprächen, kritischen Fragen und ehrlichem Feedback begleiten.

Danke an alle Leserinnen und Leser, die sich mit offenen Augen und offenem Geist den Themen dieses Buches widmen. Ihr seid der Beweis, dass wir nicht stehen bleiben müssen, sondern die Zukunft aktiv gestalten können.

Schließlich danke ich der Natur – meiner größten Lehrmeisterin, die mich immer wieder daran erinnert, was wirklich zählt.

Möge dieses Buch ein Anstoß sein, weiterzudenken, zu hinterfragen und den eigenen Weg bewusst zu gestalten.

Mara von Eichen

*Erstellung und Gestaltung wurden
mithilfe von WriteControl vorgenommen*